从零开始学理财

实操版

小白的财务自由入门课

付宁 ◎著

北京大学出版社
PEKING UNIVERSITY PRESS

内 容 提 要

现在，越来越多的年轻人意识到储蓄理财的重要性，开始倡导理性消费。美国硅谷诞生的"FIRE"运动，倡导追求财务自由提早退休，这个理念在豆瓣小组吸引了20万组员，在小红书等平台也有大量"断舍离"极简生活类博主吸引了大量粉丝。

本书从重塑财富观、储蓄计划表、就业创业副业心得、投资理财方法论等多个维度，同时结合作者本人的经历来讲述适合年轻人的储蓄理财思路，通过正确储蓄+合理理财，助力年轻人实现阶段性财务自由。

本书适合对投资理财感兴趣，但是苦于无法入门的新手小白、有一定投资理财经验、想要更进一步的职场人士，以及希望通过副业、创业获得更多收入的读者阅读。

图书在版编目(CIP)数据

从零开始学理财：实操版：小白的财务自由入门课/付宁著. — 北京：北京大学出版社，2023.5

ISBN 978-7-301-33918-3

Ⅰ.①从… Ⅱ.①付… Ⅲ.①私人投资 – 基本知识Ⅳ.①F830.59

中国国家版本馆CIP数据核字（2023）第062562号

书　　　名	从零开始学理财（实操版）：小白的财务自由入门课
	CONG LING KAISHI XUE LICAI (SHICAO BAN): XIAOBAI DE CAIWU ZIYOU RUMEN KE
著作责任者	付　宁　著
责任编辑	王继伟　杨　爽
标准书号	ISBN 978-7-301-33918-3
出版发行	北京大学出版社
地　　　址	北京市海淀区成府路205号　100871
网　　　址	http://www.pup.cn　新浪微博：@北京大学出版社
电子信箱	pup7@pup.cn
电　　　话	邮购部 010-62752015　发行部 010-62750672　编辑部 010-62570390
印 刷 者	三河市北燕印装有限公司
经 销 者	新华书店
	787毫米×1092毫米　32开本　6印张　164千字
	2023年5月第1版　2023年5月第1次印刷
印　　　数	1–4000册
定　　　价	58.00元

未经许可，不得以任何方式复制或抄袭本书之部分或全部内容。

版权所有，侵权必究

举报电话：010-62752024　电子信箱：fd@pup.pku.edu.cn

图书如有印装质量问题，请与出版部联系，电话：010-62756370

前言 PREFACE

拿到这本书,你可能会有三个疑问:

市场上已经有那么多理财书了,为什么还要再写一本?

一个人的理财能力,真的可以被教出来吗?

普通人真的有必要花那么多时间学习理财吗?

问题一:市场上已经有那么多理财书了,为什么还要再写一本?

在合作方邀请笔者写一本理财相关的图书的时候,笔者也有这样的疑问,但当笔者整理完内容大纲以后,这个问题便已经被回答了:

市场已经不需要另一本"理财书"了,但这是一本不那么像"理财书"的"理财书"。

这本书有"三不止":

第一,不止于理财产品使用介绍。这本书不仅仅是理财产品说明书、使用指南,事实上纯理财只占本书内容的五分之一,除此之外,本书用大量篇幅介绍了财富观底层逻辑、就业创业心法、行业分析等内容。

事实上,金融建立在其他行业基础之上,我们只有深入理解企业运营、经济运行的底层逻辑,才有可能真正了解和驾驭搭建在其上的各种理财产品。

第二,不止于赚钱方法。笔者不会把这本书变成"赚钱小点子百科",

事实上，想要维系一个人的财富水平，知道如何不亏损、知道什么钱要赚，什么钱不要赚，要比了解很多赚钱小点子重要得多。

假设你的本金是100元，亏50%后，想要恢复原始本金，那么你需要想办法把手中现有的钱增长100%才能达到，这是相当困难的，所以要尽量避免亏损。因此在内容设置上，本书涵盖了一些止损类的内容。

第三，不止于理论。为了丰富阅读体验，笔者在书中增加了很多真实案例分享，让内容更有趣。

问题二：一个人的理财能力，真的可以被教出来吗？

长久以来，在市场上都有一种论断：人的理财能力是不可能被教出来的，能不能赚到钱完全看运气、看谁有小道消息、看个人胆量，不信你看，很多没有接受过系统投资培训的散户，收益比很多名校金融专业毕业生更高。

这是真的吗？

这种论断的后半部分确实是有可能的，但是前半部分是错误的。人的理财能力是需要培养的，也是可以提高的。

因为理财能力不是看某一时刻的结果，而是看相对胜率的高低。

这句话有点难懂，没关系，我们拿纸牌游戏来举例。在纸牌游戏中，决定牌局胜负的有两个因素：抓牌和牌技。如果你就是手气特别好，抓到了游戏中最大、最好的牌，那你这局肯定不会输。

抓牌纯看运气，"臭棋篓子"也可能在这一局中战胜有10年经验的老牌手。但是具体这一把你能赢多少，还是要看你的牌技。同时，你的运气不会一直这么好，这一局赢的筹码，很有可能会在之后输掉。

就像电影《夏洛特烦恼》里，穿越时空的夏洛特意告诉他的朋友，2000年要在北京买房，朋友确实买了，在每平方米1800元的时候买了，然后在每平方米2000元的时候又卖了，让全家租房住。夏洛的朋友虽然撞上了"狗屎运"，但是牌技不好，照样赚不到多少钱。

有经验有牌技的老牌手的"相对胜率"更高：保证自己在抓到好牌的时候

能赚到最多的筹码,在抓到差牌的时候少输一些。综合下来,整体收益就是正向的。

这也是笔者这本书想要介绍的理财理念:不去在意某一时刻、某种产品的收益,而是提高综合的相对胜率,这需要做到三点,也是本书会覆盖到的三点:

第一,明白理财产品的原理,也就是了解游戏规则。

想要赢,你首先要知道的不是赢的技巧,而是比赛规则。但是很奇怪也很遗憾,很多投资者是没有得到这方面的培训的。那么多保险种类,每种都是负责什么的?基金为什么要收管理费?股票里的T+1是什么意思?这些基础的信息并不能直接帮你赚到钱,但是你不知道这些信息,大概率会踩坑。

第二,理财、赚钱的底层逻辑是值得梳理的,也就是要了解游戏的胜负技巧。

市场是瞬息万变的,具体的操作也是需要你随机应变的,但我们更应该去寻找那些不变的东西,比如理财和赚钱的底层逻辑、行业分析的底层逻辑。这些在任何行业、任何时间都适用的逻辑,可以让你"不畏浮云遮望眼,自缘身在最高层",是需要学习和梳理的。

第三,典型的错误是值得被梳理的,也就是要主动避免失败。

重新审视失败,认识失败,比了解成功案例更重要。成功可能是偶然,但是失败不是,每个失败背后都有错误基因。在错误中,我们能更好地看清楚自己的缺点、弱点。看清自己、了解自己比靠运气赢一把重要得多。

问题三:普通人真的有必要花那么多时间学习理财吗?

当然,因为学习理财的过程既是在学理财,又不是在学理财。

首先,普通人正确理财,可以对抗通货膨胀(简称通胀)、提高资产抗风险能力,这是最基础的作用,而本书想达到的效果还不止于此。

其次,学习理财也是在了解社会运行的底层逻辑。社会是由"钱"作为润滑剂来高速运转的,经济是了解社会运行逻辑的很好的线索:从股市你可以看到不同行业的发展情况,从行业分析里你可以明白公司的运作逻辑,从宏观政策你可以看懂国家调控的目标和方向……

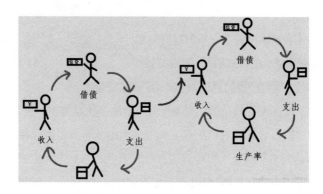

最后，学习理财也是一个重新认识自我的过程。

看懂自己、了解自己是很难的，但是投资这个注定孤独的旅程会帮到你，做投资的时候，你必须足够诚实地面对自己的弱点，面对自己的错误。在投资的过程中，面对风险时你的选择，面对压力时你的反应，面对金钱时你的态度，以及你到底想要什么样的生活，你愿意为了赚钱付出多少精力、承受多少风险……这些都能从侧面勾勒出你是一个怎样的人。

很多在日常生活中不容易暴露的缺点和弱点，都能在投资理财的过程中暴露无遗。在学习投资、接受理财教育的过程中，不仅仅可以学到理财知识，也可以更多地改善自身的缺点，进而变成一个更好的人。

理财收益，就是市场给那个"更好的人"自然而然的回馈。

正是因为包括了认识社会和认识自己，这本书才不那么像一本"理财书"。看完这本书后，无论你是否能掌握理财技巧，是否真的开始投资理财，都无所谓。

最重要的是希望在这场阅读的旅程中，我们都可以看清自己、看懂世界。

付宁

目 录

CONTENTS

第一部分 重塑财富观

第1章 把钱当做桥，而不是彼岸 / 002

第2章 工作已经很累了，就别拿投资再来折磨自己了 / 009

第3章 "赚钱是世界上最容易的事" / 017

第4章 你不是爱乱花钱，而是在用消费逃避真正重要的事 / 022

第二部分 财务自由规划表

第5章　何谓财务自由？你离财务自由还有多远？ / 030

第6章　财务自由也是月薪3000的我能想的事？当然！ / 035

第7章　资产配置方法论：10万、100万、1000万，分别应该怎么储蓄？ / 041

第8章　不要被钱困住 / 046

第9章　如何选房性价比最高？ / 052

目录

第10章 三步跳槽法，
让你35岁在职场站稳脚跟 / *062*

第11章 抓住风口，
什么样的行业是好行业？
/ *069*

第12章 从经营角度看，
什么是好公司？ / *076*

第13章 发掘你的天赋，
轻松开启财富之路 / *083*

第三部分 如鱼得水·职场指南

第四部分 低风险创业心法

第14章　创业背后的底层逻辑　/ *092*

第15章　创业启动资金：
如何让风投来投资我？　/ *100*

第16章　人对了，什么都对了　/ *105*

第17章　做生意还是创业，
这是一个问题　/ *112*

第18章　用副业开启人生的第二增长曲线
　/ *118*

第19章　如何利用自媒体做财富放大镜　/ *127*

第20章　花最少的钱做最大的保障——保险 / *135*

第21章　选对的人帮你赚钱——基金 / *143*

第22章　你为什么是股市中的韭菜？
　　　　错误投资方式总结 / *150*

第23章　普通人在股市赚钱的
　　　　两个逻辑 / *158*

第24章　从投资角度看，
　　　　什么是好公司？ / *166*

第25章　为什么我们懂得很多道理，
　　　　依旧做不好投资？ / *173*

第五部分　投资心法

后记 / *179*

01 第一部分

重塑财富观

在正式开始讲具体的方法论之前,让我们先把视角放大,重新审视那些我们熟悉的东西:钱、投资、消费、理财,它们的底层逻辑到底是什么?是否有一些颠覆普通人印象的有趣细节?所以,这一部分,我们先来聊聊财富观。

第 章

把钱当做桥,而不是彼岸

这是一本理财书,也不是一本理财书。

常规的理财书会告诉你:钱非常重要,书中会讲很多获得金钱的方法,如何用尽九牛二虎之力,看各种指标、分析各种数据、了解什么是复利效应滚雪球,直到资产达到某个数字、收益达到某个百分比。好像做到了这些,人生就走向圆满了。

而本书想告诉你的是,钱不重要。钱是手段,而不是目的。

这里有三个小故事,通过这三个小故事,你可以了解三种拥有世界上最聪明脑袋的人:经济学家、顶级投资人、顶级企业家,他们是怎么看待钱这个东西的。

钱是最不值钱的东西

第一个故事与经济史有关,是笔者在伦敦大学学院上学的时候,经济史老师讲的一节课:世界货币的更迭。通过这个故事你会明白,为什么说钱是最不值钱的东西。

第一个有世界货币苗头的是法国的法郎。17世纪初,法国建立了法国皇家银行并发行货币,并且做了金本位,就是说银行发行的货币可以换成对应的黄金。这次绑定的尝试大获成功,法郎受到全世界的欢迎。但是没有坚持多久,法国皇家银行滥发货币引发了密西西比泡沫,法郎跟黄金脱钩,也彻底丧失了世界货币的地位。

到了1816年,英国实行了金本位的制度,在法律上承认黄金作为货币的本位来发行纸币,随着19世纪大英帝国在全球的扩张,英镑得到了推行。庞大的殖民地让英国积累了巨额的黄金,也让英镑的公信力达到巅峰。

不过"二战"期间欧洲各国为了筹集军费无所不用其极,疯狂印钞,英国甚至一度中断了英镑与黄金的自由兑换,而美国通过售卖军备大发横财。美国国富民强,兵强马壮,自然不甘再被英国压制,试图建立一个以美元为核心的国际货币体系。于是在1944年美国主导建立了布雷顿森林体系,各国认同以35美元一盎司的价格将黄金与美元挂钩,同时国际货币基金组织会员国的货币与美元挂钩,至此美元正式成为世界货币。

当然美元也没有摆脱脱钩黄金的宿命,美国在20世纪50至70年代先后发动了朝鲜战争、越南战争,还在军事、航天等领域与当时的苏联开始了争霸,为了支撑战争和拉拢盟友,美国每年的花费也达到了巅峰,剩余的黄金储量根本不可能支持市面上的美元来兑换黄金,美国也出现了严重的通胀问题。

1971年美元与黄金脱钩,并找到了新的锚定物——石油,让石油用美元结算，开启了"石油美元"时代，让美元继续坐稳世界货币地位。

其实我们纵观世界货币的更迭史，就能发现货币的本质就是一堆废纸，钱本身没有价值，世界货币的更迭就是一堆"废纸"向另一堆"废纸"更迭的过程。

真正有价值的是什么？不是钱，而是钱背后对应的黄金、石油和支撑货币的国家信用，只要这些东西在，钱的价值就在；一旦这些崩塌，钱的通胀和崩盘就是一朝一夕的事情。所以钱才叫"一般等价物"。

在经济学家看来，钱从诞生之初就没有价值，其背后所能等价的东西，才是有价值的。

那知道了钱本身没价值，怎么能帮我们更好地赚钱呢？我们来看第二个故事，拥有世界上最聪明脑袋的人——顶级投资人，是怎么赚钱的。

理财的本质就是买入优质资产

第二个故事，发生在笔者工作后。当时笔者从事的是一级市场的金融投资工作，就是大家熟悉的天使投资、A轮、B轮等。在某公司没上市之前，我们会根据公司的表现，用当时较低的市场价买入该公司的股权，并帮助该公司发展，然后在该公司上市、股价更高的时候卖掉股票获利。这行做久了，可以发现市场上有两类基金表现明显比其他的要好，但它们的很多做法往往让人费解。

第一种玩法叫深口袋（Deep Pocket），很有代表性的例子是美国的老虎基金。有一次笔者为他们做投资咨询项目，非常不解为什么同一个项目，老虎基金会给那么高的估值，抬高了行业报价，甚至在估值的时候，也没有用其他基金那种动辄几百行、

特别严谨的估值模型来进行计算。

后来经过更深入的了解,笔者搞明白了他们的玩法:老虎基金跟其他的基金不同的是规模,他们融了近十年内全世界规模最大的一只基金,这样的资金量本身就是一种竞争优势,第一,他们不需要在乎一级市场最开始投资估值到底是贵了1000万元还是2000万元,这些对于小基金来讲有很大的影响,但对于他们来说影响微乎其微,只要是好项目他们可以接受这点损失,先进场再说;第二,他们的资金量可以支持他们持续跟投,每一轮都投,持续支持这家公司直到上市,然后赚上市后二级市场的大钱;第三,正是因为他们这种打法,很多优质的公司早期阶段更愿意接受他们的投资,因为他们不着急变现,不会给管理层压力,而且一旦公司遇到问题也不太愁新的融资,股东有实力一直投到公司上市。

第二种很厉害的玩法叫投赛道,代表基金是红杉中国。笔者做投资的时候看各家基金的业绩表现,很明显红杉的表现是比我们很多其他的基金表现更好一些的。深入研究后,发现它有更好的表现并不是因为运气或者努力。红杉也是融资规模比较大的基金,它看好某个赛道,就把该赛道内排名前3的企业都投了。它当然知道不可能三家都成功,三家企业里面一定会有失败的,但它不在乎,它会故意损失这些钱。这是为什么呢?

因为红杉的玩法是投赛道,只要中国这个赛道有项目跑出来了,他们多多少少能命中。早期投资就是一个一本万利的事情,成功的项目可以带来几十倍甚至上百倍的回报。红杉这个投法注定会投到一些失败者,但早期很难判断到底哪个是失败者,哪个是成功者,所以就"一网打尽",只要命中一个,就足够挽回损失。

以上这两个玩法,站在普通人的角度来讲,有些做法真的很难理解,一个

故意抬高价，一个故意损失一些钱。可能有些人会觉得，这些基金能这样做就是因为足够有钱，而且钱不是自己的，所以不心疼。实际上这些基金的表现，要远好于绝大多数市面上的保守型基金。他们这些做法，很好地诠释了钱的本质：钱在他们眼中只是工具。

在投资领域，有一些很有意思的"黑话"：投出一个项目叫"开枪"，基金账上的钱叫"子弹"。因为投资人都非常明白，钱本身没有价值，它也不会变多，能增值的只有资产。所以这两个玩法里，钱这个东西在聪明人手里就成了一种工具，成了他的竞争优势，方便他更好地获取优质资产——好公司的股票。为了这个目标，他们才做出了之前提到的两个普通人感到费解的做法：故意抬价和故意损失一些钱。

对普通人而言，我们可以这样理解理财这件事：理财就是拿钱买优质资产。

我们的钱本身不会增值，存到银行里有利息，是因为银行拿你的钱放贷，债权随着时间的增长值更多钱；基金涨了，是因为基金对应的一揽子股票的价值增长了，你在低点买入，有人愿意在之后花更多的钱买走你手里的这些资产。钱随时可能因为通胀而失去价值，但它是帮助你获得这些有价值资产的手段。

钱是做事的工具，也是做成事后自然而然的回报

第三个故事是讲顶级企业家的赚钱方式。

做过生意的人都知道，做生意很难，每天一睁眼就是成本、房租、工资、拿下项目也要费九牛二虎之力。精力被应酬、会议、加班、混圈子严重消耗。而且市场和政策千变万化，稍有动荡生意就不赚钱了。那顶级企业家怎么赚钱呢？

迪士尼的老板有一句话：我们拍电影不是为了赚钱，拍电影是为了赚钱拍更多的电影。这句话其实道破了赚钱的核心：钱是做事的工具，也是做成事自然而然的回报。

迪士尼我们都很熟悉了，通过优质的电影，一个个人物IP和故事深入人心，然后通过衍生产品，如米奇抱枕、玲娜贝儿公仔、主题乐园等获利。在这个生意链条里，电影帮助迪士尼打造人物IP，让这些卡通人物收获更多粉丝，粉丝会转化成下一部电影的票房号召力、带动衍生产品的销量、迪士尼乐园的门票收入……

迪士尼的老板是不在乎电影票房钱吗？他是不在乎这一点钱，和IP授权与周边产品销售相比，电影这点票房不值一提，但是没有电影打下的坚实基础，也不会有后面的巨额收入。迪士尼2022财年的收入约825.8亿美元，只靠电影绝对没有这么高的收入，而没有电影也不可能有这么高的收入。

迪士尼是把"工作——赚到钱"这个有限游戏，变成"工作——赚钱——有资本做更大的事业——赚更多的钱——做更大的事业"这样一个无限游戏。

对我们普通人来说也是一样的，两个人面试同一职位，为什么一个人工资比另一个人高？可能是这个人考了职业资格证书、去更好的学校深造、有更好公司的项目经验。在招聘市场，这个人就会比另外一个人更值钱。

做正确的事，让自己更值钱，机会和钱会主动到来。

这三个故事讲完了，核心就是一句话：钱不是目的，而是手段。

那把钱当目的的人，到底错在哪里了？

你身边一定有这样的人：每天上班的时候做重复性的工作，"搬砖"非常努力，但收入一直涨不上去。

下班更忙，学了各种赚钱方法，然后拿着自己的血汗钱心惊胆战地盯着大盘，到头来"一赚二平七亏损"，70%的人亏钱的同时还赔上了时间、精力和心情，还不如拿这个钱买德云社的门票。

一些理财亏钱的人，要么彻底对理财失望，觉得所谓理财都是骗人的，彻底金盆洗手不碰投资；要么就是赌急了眼，开始加杠杆、炒期货，玩更刺激的，想着一把回本，结果就是亏得更多。

为什么他们赚不到钱？因为他们没有意识到钱本身没有价值，既没有用钱买入优质资产，也没有让自己更值钱。

理财的本质是什么？是用钱这个工具，买到有价值的资产，然后跟这个资产一起成长。赚钱的方法是什么？是做正确的事情，让自己更值钱，让更多的资源主动找到你。

本书之后讲的所有有关赚钱的部分，都在围绕两个核心：一个是如何选到好资产，一个是如何让自己变得更值钱。

你把钱当作桥，它可以带你去几乎任何地方；可是如果你把钱当作彼岸，每天只盯着赚钱，最终带来的就只有痛苦。

人生如逆旅，我亦是行人。

把钱当做桥，而不是彼岸。

第 2 章

工作已经很累了，
就别拿投资再来折磨自己了

做财经博主之后，笔者总是会收到很多的私信。其实，能通过自己的专业知识和工作经验帮到大家，是让笔者非常开心的事情，但是有些同类型的问题实在是太多了，而且这些问题并不是小问题，或者一两句话就能解答的，面对这些问题，笔者多次萌生了劝退提问者投资的想法。

所以，在正式讲投资方法论之前，我们先来劝退一部分人。

笔者是很真诚地想跟一些特别努力做投资、做理财的朋友说一句："生活已经很累了，就别拿投资再来折磨自己了。"

写这篇内容的时候，笔者重新翻了一下成千上万的私信，总结出来，共有三类不太适合做投资的朋友，分别对应三种不同的错误意识。相信我，你身边的朋友或你自己，一定会占其中一类。

错误一：带着"贪嗔痴"学理财

非常遗憾的一件事是，每个成年人都需要学习的理财知识，不包含在九年义务教育之中，甚至即便你大学学的是经济、金融专业，老师教的也是理论、历史等，很少直接涉及实操。

由于市场上有大量的理财教育需求，并且这类课程直接与"赚钱"挂钩，导致理财教育市场充斥着各种"有毒"的财商课。笔者这里不点名具体是哪些，只教大家怎么判断哪些课程是有用的，哪些是不值得浪费时间的。

这个方法不仅适用于判断理财教育课程，甚至可以用来判断所有的教育产品。

方法就是，看该课程的卖点，是利用人性的弱点——贪嗔痴，还是长期主义。

不好的理财课到底哪里有问题呢？这种课程是资本驱动、以逐利为目的，所以为了达到这个目标，它会充分利用人性弱点进行销售：利用人性的"贪"宣传快速暴富；利用人性的"嗔"宣传你的钱正在贬值、不理财就晚了；利用人性的"痴"神化某个老师，让你从学习变成人格崇拜。吸引你入局后，还会继续利用这些人性的弱点，让你付费、付高价、多次付高价。你赚不赚得到钱不重要，做理财教育的老师肯定能赚到钱。

当你被这些人为制造出的焦虑、每天发出来的收益图（很大可能是伪造出来的）、各种暴富故事的洗刷，你的心态一定会从长期主义变成短期主义，变得激进、冲动、焦虑。

而如果想真的利用投资赚钱，要做的是沉得住气，所以那些试图激发你人性弱点的理财教育都是有害的。

错误二：靠问别人来买股票

因为缺少必要的理财知识，但同时又很想通过理财获取收益，所以会有一些朋友到处问别人具体该买哪种理财产品。其实他们是非常勤奋的一群人，会看很多理财类的文章并积极接收很多财经资讯，笔者收到过太多这种类型的信息了：某某股票可以买吗？某某股票可以卖吗？现在某某板块这么火，还能加仓吗？

其实这个勤奋的劲头放到几乎任何其他地方，都是很好的，会有成效，但唯独在理财上不行。因为各种纷繁复杂的信息，只会干扰你的判断。

股票或基金是个什么样的市场？买卖市场，一定要有人卖，才能买，所以任何时候，这只股票卖出去的股数，是与被买入的股数相等的，只要你想找，一定能找到差不多50%的人支持买入，50%的人支持卖出。

只要你买了某只股票，你一定能找到有人支持你赶紧卖出；只要你卖了某只股票，一定能找到有人支持你赶紧买入。

如果支持声和反对声一样大，那这些都是噪声。如果你听了，一定会在买入和卖出中不断徘徊，越来越焦虑。

而且靠听别人的建议买来的股票，是拿不住的，很难靠这个赚到几倍甚至几十倍的收益。

人的精力不应该放到让自己焦虑的事情上，而是要放到底层逻辑上，花更多的时间去了解行业、公司和宏观经济。

错误三：不计成本地冒险

这类型的朋友，总结起来就是：怎一个"猛"字了得。

一上来，就全仓买入，一路下跌一路借钱抄底，恨不得把每一分钱掰成两半投资。用自己的勤奋，想抓住所有的赚钱机会，什么板块火买什么。买的股票数量之多，让人感觉他买了整个大盘。

只有他没听过的公司，没有他不买的公司。常年保持70%以上的仓位，买的股票数量就没有低于10只的时候。什么财经新闻都跟他有点关系，动辄All in[1]、梭哈[2]。欢乐豆都不敢这么玩，他拿自己的血汗钱这么玩。

深入了解这类朋友后可以发现，他们的特点是：希望通过勤奋赚到每一分钱。

这在其他领域也没有问题，毕竟天道酬勤，但是在理财中这样做风险是非常高的。

事实上，你不可能赚到每一分钱，只能赚跟自己有关的钱。理财的目的是找到自己能赚到的钱，然后放大获利倍数、分散风险。

讲以上这三个错误，是想真诚地和所有理财人说一句：求求了，不要再用投资来折磨自己了。

投资理财应该是每一个成年人的必修课，但这个必修课不是教你成为巴菲特、拿诺贝尔奖的，而是学会底层逻辑、基础知识等极简的理财技巧。

普通人不应该在理财上花很多时间，甚至影响心情、影响生活。对于普通人来说，大钱是通过主业赚到的，投资只能锦上添花。如果投资正在对你产生一些负面影响，那么你应该立刻停止，先学习再去实践。小白做投资，首先做的不是加法，而是减法。

讲了哪些是错误的，接下来讲讲什么是正确的理财逻辑，并且讲清笔者是如何通过这些逻辑赚到钱的。

理财教育应该学什么

笔者的理财知识主要由两个方面构成：第一个是在伦敦大学学院接受的

---

[1] All in：德州扑克术语，意思是将自己所有的筹码都下注。
[2] 梭哈：Show hand的粤语发音，意思与All in相似，表示将自己所有的筹码都下注。

正统经济学教育,给笔者打下了很扎实的经济学基础,可以很好地了解宏观经济,比如加息、释放存款准备金、失业率、CPI(消费者物价指数)等基础数据的解读;第二个是笔者在投资研究工作中,系统学习了行业研究、公司研究的方法论,同时研究过数十个行业,对行业和公司建立了基本的认识。

这其实就是理财教育中最重要的两个方面:基础经济金融学知识、行业研究能力。有这两方面的技能,就能在大周期波动中低买高卖,抓住一些确定性的机遇。接下来,笔者分享一个利用这两个方面赚到确定性收益的例子:油价波动。

原油是驱动工业、军事等支柱性行业发展的基础,重要性不言而喻。它的价格一直在一个区间波动,很难持续下跌并长期保持低价,也能难长期高价并持续上涨。这里面赚钱的机会就在于把握周期,在暴跌期买入合适的产品,然后在暴涨期卖出。这相对而言是风险比较低的投资。

在2020年新冠肺炎疫情刚刚开始的时候,因为各国暂停国际航班、隔离抗疫,所以对原油的需求突然减少,同时两大产油国,俄罗斯和沙特阿拉伯,对减产问题产生分歧,沙特一气之下开足马力加大供应,加之一些金融机构的操作,导致油价一度跌到负数,最低达到了-37美元一桶。

所有的与原油相关的股票都不是"腰斩",而几乎是"脚踝斩"。西方石油公司从50美元一股跌到9美元;巴西国家石油公司从16美元一股跌到4美元,其他的几乎所有与石油沾边的股票都是这样的情况。

笔者在看了西方石油公司和巴西国家石油公司的财报后,确定公司本身没有问题,股价波动是油价波动造成的,所以选择在油价跌到负数的那段时间,开始慢慢加仓。

在2022年年初,油价因为俄乌战争等因素,回到高位,最高达130美元一桶。这两只股票,西方石油公司从不到10美元涨到57美元一股,巴西国家石油公司从4美元涨到16美元一股。笔者赚到了相当可观的收入。

这个过程中的风险相对比较低,因为石油作为支柱性大宗商品,每桶的开采成本都在40美元左右，低于这个价格的时候，买入的风险是可控的。而且比较关键的是，笔者没有选择原油期货，因为期货的风险是高于股票的。

正是因为这种确定性，笔者也更敢于重仓和长期持有，并且赚到相对可观的收入。

这就是利用经济学原理，利用大宗商品价格的周期波动，赚确定性的收益的例子。

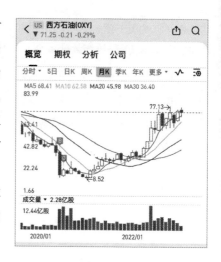

把自己能赚到的钱，乘十

笔者有次问自己的经济学老师，他都买了哪些股票，他给笔者的答案非常出乎意料，他说他从不做投资，只会把钱交给私募基金，专心做他自己的专业。这位老师在微观经济学方面有非常深的研究，得过很多世界级大奖。

这是一个很有趣的例子，一个经济学界举足轻重的人，并不亲自下场投资。因为人只能赚到"自己能赚到"的钱，而不是追求赚每一分钱。

这个例子怎么理解呢？每个人都会有擅长的领域、熟悉的方向，就是我们的主业，你所能听到的有些人能获得高收益、精通投资，是因为这些是他们的主业，所以才能做到时刻盯盘、对各种信息了如指掌，好像不会错过任何一个机会。但这不是普通人应该追求的，因为普通人没有那么多精力，或者也不应该把那么多精力放到理财上。

如果你追求赚到每一分钱，那势必会分散精力，还会分散本金，每个都买点，每种都只能赚一点小钱。

怎么把"自己能赚到的钱"乘十呢？这就是理财可以使用的方法了，就是用好你的主业，用你的主业所能接触到的信息指导你的投资。拿笔者自己举例，笔者是从2017年就买入好未来①的股票，然后在好未来相对高点的2020年卖出，吃到了这波教育股上涨的红利，同时还避免了教培政策变化所导致的股价下跌。

笔者从2017年开始就在做教育领域的行业研究，市场上上市、没上市的几乎所有的教育公司，笔者都有了解过，因为研究市场就是笔者的"主业"。

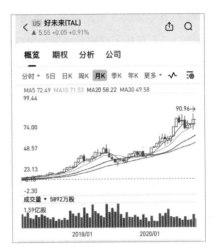

因为足够了解当时的这个市场，所以这一只股票是笔者的重仓仓位，每个季度都会跟踪一次公司的发展情况，所以对其有充足的信心，即便中间股价有波动，笔者也没有动摇过。

在这个过程中，好未来的股价从40美元左右，最高涨到了120美元（之后好未来历经拆股，此处指的是拆股前的股价），而笔者在2020年停止对教育领域的研究后，也及时撤出，成功避开了之后的股价暴跌。

这就是把主业工作，通过投资二次变现，让收益成倍增长的例子。你的主业可能是制造领域、汽车领域、服务领域，等等，通过对自己主业所在行业的观察和了解，你也能抓住属于自己的投资机会。

乘上中国经济增长的快车

除了主业涉及的行业外，普通人还能从哪些地方赚到收益呢？那就是抓住中国经济增长带来的机遇。

---

① 好未来：一家中国教育公司（纳斯达克交易代码：TAL）

巴菲特有一个很有名的"子宫彩票"理论，指出他在1930年出生在美国的概率只有2%，他在母亲子宫里就是中了彩票。如果他不是出生在美国，而是出生在其他的国家，比如孟加拉国，命运将完全不同。

1930年以来的美国处于一个经济持续增长的时期，即便他再怎么天赋异禀，在其他任何一个国家都很难做出他如今的成绩。而他的投资收益，一定程度上，也反映了美国的经济发展情况。

我们现在其实已经获得了这种"子宫彩票"，就是出生在这个时候的中国。我们可以做的就是通过科学定投宽基指数基金来抓住机遇，乘上中国经济增长的快车。

笔者一直认为，做投资，其实就是一个学习的过程，学习社会运行的规律，学习行业和公司发展的底层逻辑，也更多地了解自己，认清自己的弱点和短处，并不断克服。通过学习投资赚到钱，也让人变成了更好的自己。

第 章
"赚钱是世界上最容易的事"

赚钱是世界上最容易的事。

大钱都是大风刮来的。

看到这里,你可能觉得这个作者是一个骗子。别急,这一章我们就好好解释一下这两句话。

名利是把事情做成后的副产品

这里我们讲一个人,杨丽萍的故事,这一章开头的第一句话就是她的原话。

杨丽萍接受一位主持人的采访,主持人问她:"你那么'仙',你从来不担心赚钱的事吗?"

杨丽萍说:"赚钱是人世间最容易的一件事。因为,只要你喜欢一件事,把这件事做到极致,这就是最大的福气,钱就跟着来了。"

杨丽萍是一个什么样的人呢?如果用一个词来形容的话,就是"出世":舞得像一个精灵,活得像一个精灵,在家里养花、逗鸟,留着长长的指甲,几乎不参加综艺、商演。她把孔雀这个美丽的生物展现得活灵活现，无人能超越。

那你觉得她会很穷吗？不会的。她有一家公司新三板挂牌，10年前每年的利润就已经达到千万元，是国内首家挂牌的舞蹈领域企业。

那你可能会说，她可是杨丽萍，世界上能有几个杨丽萍？

世界上确实只有一个杨丽萍，但是世界上也只需要一个杨丽萍，要那么多杨丽萍干什么？仅仅中国舞蹈界，就有很多不同细分领域的佼佼者：谭元元的芭蕾、黄豆豆的民族舞、金星的现代舞、华宵一的古典舞……更别说其他的领域了。

"这个世界没有人能阻挡你的光辉，你也阻止不了任何人的闪耀。"找到那个最适合你做的事情，然后把事情做到极致，这是所有赚到大钱的人唯一的赚钱技巧。

你看，真正的心法，就是这样简洁，简洁到难以置信。

很多人觉得赚钱很难，是因为把重点放错了，他们寄希望于用努力和"聪明才智"把一个只值60元的东西卖到80元，而不是反过来修炼自己，让自己值100元。

赚钱是一个结果，是把事情做成、让自己更值钱以后的一个结果，而不是一个值得追求的目的。

你的收益是市场对你所在职位的估值

这时候，你可能有一个疑问：同样是把事情做好，为什么有的行业的人，年纪轻轻就赚到大钱，但是有的行业的人兢兢业业几十年，也不过温饱？

因为你的具体收益，要看市场对你所在职位的估值。

这里笔者拿自己来举例。

笔者在大学刚毕业的时候,根本就不知道怎么选行业,只是听别人说互联网有前景,当时也不是很懂什么产品、运营,就海投简历,最后进了一个电商大厂,每个月工资到手7000块钱,每天省吃俭用,不敢乱花钱,不敢出去玩,终于在那一年的春节攒到2万块钱。

对于一个刚毕业的大学生,能攒到钱已经不错了,但笔者看了一眼北京的房价,心想:这么攒下去什么时候是个头呢?

树挪死,人挪活。笔者开始看其他的机会,在笔者当时领导的引荐下,去了她曾经工作过的公司,一家中国头部的投资咨询公司。

那时候中国的一级市场投资还处于如火如荼的状态,市场上的"热钱"(即游资,或称投机性短期资金)很多,公司接到的投资咨询项目非常多,非常缺人手。笔者加入新公司第一个月的工资就超过了2万元。

加入新公司后因为笔者表现不错,年终奖拿得也比较多。特别触动笔者的就是,年终奖光是交的税都足够买一辆普通的车了。

笔者赚到这个钱是因为特别努力吗,不是的,笔者在两家公司都一样好好工作,但是第二份工作是乘上投融资领域的东风,这是一个资本更加密集的行业,由于有快速发展的需要,所以给劳动力的定价比电商这种人力密集型行业要高得多。

7000元就是当时电商行业对应届毕业生的定价,而20000元就是当时投资咨询行业对应届毕业生的定价。定价不同,是因为行业不同。

2000年之后,互联网行业的高薪及各种年轻人的造富神话,也可以用这个来解释。互联网行业在近20年吸引了大量的资本,各家公司飞速发展,为了更快地发展、高速扩大市场份额,市场愿意用超高的薪资来招聘人才,甚至有的公司"饱和式招聘",用很高的薪资把某一类人才全部吸引到公司来,让竞争对手没人可用。

所以在其他行业应届生起薪平均在7000元左右的时候,互联网行业的应届生起薪能开到一两万元,甚至华为、腾讯等大公司,曾经开出80万年薪的应届生薪资。

你的薪资不仅仅取决于你自己，还取决于市场。

如果你满足于自己的薪资，那其实还有一个方法，可以让你的薪资指数倍增长，那就是提高自己的稀缺性。还是拿笔者自己来举例。

互联网2020届校招薪资	
公司	应届薪资
腾讯	20-60w
阿里巴巴	12-35k*16
字节跳动	12-28k*15
网易	11-22k*16
美团	11-24k*15.5
百度	14-21k*15
京东	8.5-18k*14
新浪	8-23k*14
华为	15-30k* (14-16)
深信服	本硕17-20w 博士70-90w
滴滴	12-23k*15
拼多多	11-28k* (14-18)
三七互娱	8-35w

2020年，由于新冠肺炎感染，大部分人都隔离在家，不能出差。作为一个风险投资人，笔者的工作几乎处于停滞状态，因为确实很难仅通过电话、不见面、不实地考察就决定投资一家公司。

笔者的工作量一下子变少了很多，闲下来时开始刷中视频平台，那时候有零星几个财经博主业余分享财经知识，收获了不少关注者，笔者越看越觉得，好像这活儿也不是很难，可取而代之。

人果然不能太闲，闲下来什么都敢做，笔者就真的开始写稿子录视频了。

笔者第一个视频讲的就是当时一个热门新闻，关于某连锁咖啡因为数据造假被做空机构做空的时事分析。因为笔者曾经长期从事财务造假审查工作，对消费品类也有过长期的研究，所以这个选题对于我来说就是"撞枪口"上了。

笔者的第一个视频就是个爆款，上了首页推荐。后面的发展也很顺利，很多有短视频业务的平台都来邀请我入驻，我也越来越熟练，有些内容发出当天就登上微博当日排行榜第一名。

就凭借这个闲下来无聊时的爱好，笔者获得了数百万元人民币的风险投资，成立了公司，业务后来也慢慢扩张，收获了多家行业头部公司的百万订单。而这一切，只用了不到6个月。

这一切看起来发生得太快了，而且似乎

是一个个案。

但我们仔细了解背后的底层逻辑，就会发现其实这也是一种必然。因为当时笔者所做的事情符合市场的稀缺性规律。

人们日益增长的对财经知识类视频内容的需求，已经远远超过了当时的市场供给。而当时会做视频的人，往往是传媒专业，做的也多是娱乐类内容；懂金融市场的人都在做投资，很少会做内容。这两块同时会做的人，是非常非常少的。

所以，笔者可以在财经视频领域快速获得正反馈。

对绝大多数人来说，直接做到行业第一名其实是很难的，但是跨行业的多面手，做起事来难度稍低而且很稀缺，这就是普通人弯道超车的机会。

一直盯着赚钱的人，往往赚不到很多钱。

把注意力从钱上移开，把精力放到做事上，让自己更值钱；把视野放大，看懂行业看懂经济，找到给你估值更高的行业；让能力从单一行业向外迁移，培养多项技能，增加自己稀缺性，这样才能让赚钱成为世界上最简单的事情。

第 章
你不是爱乱花钱，
而是在用消费逃避真正重要的事

很多朋友会问我怎么控制自己储蓄，不要乱花钱，有没有什么自律指南，因为他们发现笔者好像是一个物欲很低的人，但同时笔者又在很努力地工作，所以能"存下钱"。

朋友们，这章是要告诉你：这世界上没有什么自律指南，即便有，也没有多少人能坚持下来。

笔者观察了很久身边的朋友们，发现这些被"乱消费"问题困扰的朋友并非不够"自律"，他们只是在用消费逃避真正重要的事。

下面举几个真实的例子。

朋友A

朋友A在一家互联网大公司从事一份"996"的工作，辛苦了一天，下班的时候已经10点多了，感觉自己已经被令人疲惫的工作和复杂的人际关系抽干了所有精力。

小区里灯光点点,只有自己的出租屋是暗的,没有灯是为他而亮。

他推开门,打开灯,坐到床上,顺手打开直播带货,只有在跟着主播疯狂买一堆没什么用的东西的时刻,他才感到自己被犒赏了,才感觉自己是"活着的"。

一转眼,两个小时过去了。主播的嗓子哑了,而他又多了十几个待发货的订单。

朋友A最大的问题是工作中价值感和意义感的缺失,他在做一个自己并不喜欢的、内耗严重的工作。每天晚上那些冲动消费,其实并不是他无法控制自己,只是他想重新找回价值感、意义感的方式,即便他自己都知道,这种方式是短暂的,治标不治本。

他哪是需要那么多零零碎碎的东西呢,他是在用消费,去逃避重新找有价值的工作、让自己重新正视工作意义等更重要的事情,因为后者有一定的概率失败,而且过程可能充满痛苦。

朋友B

作为一个从小城市来大都市独自闯荡的女孩,朋友B永远要做朋友圈最"潮"的那一个。

广告里说,独立女性就要买某某产品,她一定第一时间找代购拿下,然后在朋友圈的自拍里不经意露出这个大牌产品,搭配上文案:"退可撒娇做小女孩,进可独立做大女人。"独立女性是她一定要加上的个人标签。

广告里说时尚辣妹一定要拥有某某产品,她会冒着烈日排队1个小时将其买下。好不容易离开小城市,怎么能被人说不时尚呢?无论她是否知道时尚是什么,买

下这个产品的她,就觉得自己是时尚的。

所以你看,她买的哪里是产品,分明是个人价值认同感。

深入了解后,你就会发现她内心充满恐惧,她恐惧自己并不光鲜的家庭背景被周围光鲜靓丽的朋友们发现,而受到排挤;她恐惧自己没法留在这个她如此热爱和憧憬的大都市里,所以用各种方式努力融入别人的圈子。

她之所以控制不住买买买,是因为这些名牌产品好像可以短暂缓解她的身份焦虑。而她其实很清楚,想要缓解恐惧和身份焦虑,真正需要的是一个户口,一套房子。

而这些距离她有点远。

所谓的不自律、乱花钱,是她短暂逃避更大挑战的避风港。

朋友C

经过了多年打拼,朋友C终于靠一个项目,赚到一笔钱。这笔钱说多不多,说少不少,但也确实是多年前刚毕业拿着几千块钱工资,为一顿几十块钱的饭纠结的朋友C不敢想的。

他第一时间冲到北京最有名、大牌汇聚的某商场里,大买特买。大品牌的衣服、名表、皮带,不管适不适合,都先买下再说。

终于赚到钱了,车也得安排上,性能、舒适度,都没有牌子重要。得好好让曾经那些看不起自己的人都看看,自己现在扬眉吐气了。耳畔自动响起那句鸡汤:昨天的我你爱搭不理,今天的我你高攀不起。再加上一个酣畅淋漓的背景音乐,仿佛走起路来都开始"外八字"了。

人在什么时候最爱花钱?

不是在特别有钱的时候,而是在觉得自己特别苦的时候。

一个一直都拥有很多财富的人,并不一定要消费很多;但是觉得自己很苦,而这个苦可以用消费来填满的人,就会大买特买。

他买的不是品牌,而是更高级别的身份认同,是一个社交名片,告诉大家:

"我已经不是曾经那个会被看不起的人了,我不一样了。"

所谓的不自律、乱花钱,是他填补内心缺失的压箱石。

以上这三种类型的朋友,虽然赚的不少,但攒不下来钱,抗风险能力很低,一旦有一点点工作或宏观经济上的不稳定,立刻会重新回到温饱线,成为大都市里的"新穷人"。因为消费太多、积蓄不足,所以必须一刻不停地工作,金钱从来没给他们带来过真正意义上的自由。

而很多时候我们不是不知道不要乱花钱,要存钱,但是心里有一块缺失,只能用消费短暂地满足一下。但这种短暂的满足终究是不够的,所以恶性循环。

那解决方法是什么呢?绝不是一味地压制自己的欲望,去逼自己自律,而是去解决根源上的问题。

第一步:欲望不能被压制,只能被代替

不要压制欲望,不要刻意自律,不要跟人性对着干。

想一想,是不是每一次你忍住不吃晚饭来减肥,之后都会报复性地吃回来?每一次压抑自己不要买某个东西,最后要么还是买了,要么就是在其他地方花了钱。所以压制是没有用的,要顺应人性,利用人性。

笔者总结出来的方法就是:欲望不能被压制,只能被替代。

你可以去找一个更大的目标,把与你内心真实渴求最相符的东西作为目标,来替换当下的冲动消费。

比如,当笔者沉迷奢侈品的时候,其实内心深处明白,这些是给不了我长久的安全感和归属感的,所以笔者把目光放到更大的东西上:北京的房子。当然,不同的人可能目标是不一样的,这里只是拿这个来举一个例子。

然后笔者开始联系中介,去看各个价位的房子。这个过程是非常有趣的,笔者真的建议无论你是否有购房指标、是否有购房计划,都定期去看看房子。不同的小区、不同大小的房子基本上代表了不同"层次"的生活,而每个"层次"的差价真的远远超过那些奢侈品的价格。

当你发现同一个小区,仅仅是客厅朝南和客厅朝北这一个区别,价格就能差出 50 个 LV 包的时候,你就明白拿包来找个人价值认同有多可笑了。笔者找到一处很喜欢的房子,然后计算首付目标,并设定了存款进度条,甚至把这个进度条画了出来,贴在家里,每天都能看到。

笔者的快乐和成就感来源,从买了什么包,变成了进度条向前走了几格。

笔者根本没有抑制买买买的欲望,这个欲望就自动消失了,因为它被转化了。

第二步:从创造中找到长期快乐,而不是消费

第一步的欲望替换,其实是治标不治本的,它可以帮你从短暂的消费欲望中解放出来,但长期来看,你会出现第二个欲望,也是欲壑难填。

就拿北京的房子来说,有相对便宜的刚需房,也有几千万元的大平层,还有几个亿的独栋别墅,只要你有需要,你总能发现供给。在这条路上,永远有更好更贵的等着你。

所以笔者帮自己找到了第二步,从创造中找到长期快乐。

通过创造带来的快乐,对比消费带来的快乐,可谓是降维打击。消费带来的快乐是很短暂的、充满攀比心,而且是在消耗你;但是创造带来的快乐是长期、自发的,会让你充满爱和成就感。

小到花一下午画一幅油画,大到把自己学经济和做投资的经验整理成书,都能让自己获得更为长久的快乐。人可以在创造中体会这个世界的美好,留下自己对事物的想法,并且收获有相同感受的同路人。

在消费中,你想获得的意义、价值、内心充实、认同感,都可以在创造中成倍地获得。

为什么不去创造呢?你可能会想到无数个理由:工作太忙了、我没有天赋、我不会创造、创造太累了我就想躺平……想着想着又打开短视频平台或某个电商网站开始"买买买"。

很多时候人们不是不想要长期的快乐，而是不想延迟满足，想马上就开心，此时此刻不花任何力气就获得乐趣，所以才不断陷入"不爽——消费——自责——不爽——消费"的怪圈里。

所以再看看标题吧：你不是爱乱花钱，你不过就是在用消费逃避真正重要的事。

从现在开始，打破这个循环，不爽——稍微忍受一下创造带来的不爽——成就感——快乐——继续创造——更多的成就感——更多的快乐。

这时候，什么逛街、买买买？你会觉得它们浪费时间，耽误你享受生活呢。

第三步：建立稳定的个人评价系统

当你感受到创造的快乐，并且慢慢用它来代替消费的短期刺激后，只需要再做一步，就可以完全戒掉乱花钱的习惯了，那就是建立稳定的个人评价系统，不把自我价值交给外界来定义。

当一个人没有稳定的个人评价系统的时候，他对世界和自身的判断是很容易动摇的，即便他已经用创造的快乐代替了消费带来的快乐，但当铺天盖地的广告和周围亲朋好友，都对他的生活方式产生质疑，持续告诉他另一种的生活方式才是对的，这个人的内心还是会产生动摇，并且不自觉地向他人靠近。

人作为一种群居动物，骨子里还是有从众心理的。

所以，真正成熟、自恰、自律的人，需要有一个稳定的内核，这个内核是根据稳定的个人评价系统建立的。他对于自我的判断是基于自己对自己的评价，而不是别人的，即便有再多人说他不对、不应该、不合理，他都能坚持走自己的路。

没有稳定的自我评价是很危险的，因为在这样一个社交媒体过于发达的世界，我们的价值观太多元了，任何一种观点，你都能听到无数支持和反对的声音。有人觉得人生得意须尽欢，"买买买"才是王道；有人觉得一定要过苦行僧般的生活，只为攒一个首付；有人觉得该花就花，千金散去还复来；有人觉得有钱的人都有原罪……

不仅是消费这件事，任何一件事，都会是如此，没有个人评价系统的人注定会活得很纠结。

当笔者真的做到了以上三步之后，还是会花钱买喜欢的东西，但这时候，笔者的消费是出于需要和喜爱，不是被恐惧、焦虑、渴求驱动。

笔者会扫一辆共享自行车，一路吹着清凉的春风，去北京最好的酒店一个人享受下午茶；会为了舒适坐头等舱去别的城市开会，也会为了赶进度睡办公室；会享受路边摊的美味，也会为了录音效果买一个几万块钱的麦克风。

不必须买什么，也不必通过某些牌子来获得身份认同，但同时，有足够的能力可以买到自己想要的任何东西。

这时候，才能真正明白什么叫享受金钱带来的丰沛，而不是用无节制的消费短暂地缓解焦虑。

这时候你也不用控制什么消费、保持什么自律，你自然不会胡乱花钱，同时也不会压抑自己，在金钱一进一出的流动中，让自己变得更好，同时完成储蓄计划，带给自己更高等级的自由。

这个世界上没有控制不住自己的"剁手星人"，只有想用消费填满自己匮乏的内心，希望获得短暂快乐却忍不住一遍遍自责、内耗的人。

这个世界上没有能控制物欲、不乱花钱的自律的人，只有内心没有匮乏感，在创造和生活中已经能获得足够多快乐和内心平静的人。

第二部分
财务自由规划表

"财务自由"四个字对于普通人来说,真的是可望而不可即的吗?当然不是,财务自由是可规划、可操作、可实现的。科学省钱节流,积累原始资本,是每个普通人都能做到的。

第 章

何谓财务自由？
你离财务自由还有多远？

这里的财务自由，指的当然不是财富自由，不是想买什么就买什么，人的欲望是无限的，那即便你是马云、马化腾，依旧没法达到真正自由的状态，依旧有更多的消费等着你。

要知道，即便是慈禧太后，都有修不起圆明园的时候。

欲望是没有尽头的。

但人可以有不想做什么就不做什么的自由。

财务自由是指，你的被动收入，超过了正常生活的花销。比如，你的储蓄带来的利息和投资收益，可以覆盖你的年花销，这时候，你就可以不用为了生计而一刻不停地工作了，可以去做自己喜欢的事情。

你可能觉得这是一个过于遥远的目标，但其实，这个概念能帮助我们更好地梳理自己的资产和负债，并给自己树立赚钱和储蓄的目标。

多积累储蓄和投资资产，避免过度消费和负债，其实是《穷爸爸富爸爸》一书最核心的观点。其实富人之所以富，就是因为他们提早完成了原始资本的积累,不要看他们大手大脚地花钱,每天不用上班,只做自己喜欢的事情,但他们其实并没有花本金,光是每年的资产利得就足够覆盖所有的消费了。

而我们所谓的"打工人"之所以需要一直做自己不喜欢的事情,忍受"996",就是因为储蓄的资本不足,以及受到了过多消费主义的诱惑,过快消耗了自己赚来的资本。

财务自由=蹉跎人生?

有很多人一听到财务自由、提早退休,就会觉得社会上每个人都不工作了,那不乱套了?觉得人要是不工作,就会荒废、慢慢与社会脱节,仿佛追求财务自由,就等同于蹉跎人生。

但实际上这两者非但不相关,甚至财务自由以后,你才能开始真正属于你自己的人生。

只有当我们不需要再困于收入和维持生计时,才能真的有自由去探索自己内心中最渴求的东西,即便这些东西短期无法带来收入,即便需要在前期投入大量时间和金钱,拥有财务自由的你都能有底气义无反顾地追求心中热爱。

财务自由不是不再工作,而是开始为自我实现而工作。

为财务自由定下阶段性目标

这时候你可能会想:谁不想财务自由?但几个亿距离自己太遥远了。

笔者最开始也是觉得财务自由好像是一个遥不可及的梦想，但当笔者慢慢开始探索别人是怎么做到的时候，发现了硅谷的一个叫FIRE的运动，全称是财务自由（Financial Independence），提早退休（Retire Early）。

这个运动的目标是存够自己年花费25倍的存款，依靠这笔存款，只要每年有4%的利息，就可以覆盖所有的年花费，类似银行每年给你发工资，你不赚钱也有钱花，就可以获得财务自由的状态，把自己从日复一日、枯燥、不喜欢的工作中解放出来，做自己真正热爱的事情。

FIRE运动给出了不同的财务自由生活方式。

①瘦火，指过节衣缩食的生活，极度降低年花费，这样达成财务自由所需要的钱比较少；

②肥火，指过比较宽松的生活，每年还会有旅行休闲等花费，所需要的钱最多；

③咖啡师，指不完全停止工作，还保留一个比较轻松的兼职，兼职的收入加上资产利得可以用来支付自己的日常花费；

④海岸火，就是已经有足够的积蓄，但依旧做一个自己喜欢的工作，没有完全退休。

这个运动真实地帮到了很多硅谷的科技从业者，它很好地把"财务自由"这个遥远的目标，拆解成了定性的数字：25倍年花费，同时给出几种不同的生活方式，和对应的不同的攒钱目标数字。

你可以通过赚很多钱达到，也可以通过控制自己欲望达到。

财务自由这个概念当前的问题是定了一个太遥远的目标，就像跟一个刚学会走路的孩子说马拉松是42.195km，小孩子一听就直接"躺平"了。反正也达不到，就干脆不去尝试。

所以不要被巨大的数字框住，而是要设定阶梯性的目标。

你可以从1km，到5km，到20km，慢慢提升。最后，有的人可以跑马拉松，有的人可能还是不行，或者跑到一半发现自己并不想跑马拉松，而是更喜欢游泳，那就去追求自己真正热爱的，最重要的是这种阶段性的目标减小了开始时的压力。

储蓄和理财也是如此。

如果一开始告诉你：你需要2个亿才能财富自由，你算了一下，需要2000年才能赚到，自然就"躺平"了。但是如果把目标进行拆解，告诉你，根据你现在的消费习惯，你需要攒3万块钱，就可以做到财务安全，不用依靠信用卡度日，每年年底有利息可以犒劳自己一场旅行；一旦失业或生病，半年内有经济基础，不用一刻不停地工作。

你会不会觉得，自己还可以再努力一下？

而且这条路跟跑步一样，一旦开始，你慢慢会习惯，并探索出自己的方式。一旦开始，达到目标的路往往比你想得更简单。

发现了FIRE运动的优点后，笔者就开始计算自己的攒钱目标，紧接着，笔者就发现，其实这套在硅谷可行的方法，不太适合中国国情。首先中国的国情跟海外有三个区别，第一是中国的通胀率是相对高的，大概每年有3%~5%，只有4%的年化收入都不够通胀；第二是绝大多数人有养育子女的需要；第三是房价较高，加之国家和产业的变化较大，存够这点钱就彻底"躺平"，是不科学的。

所以笔者对FIRE运动进行了一个改良，做成一个适合中国普通人的储蓄计划，用不同等级的储蓄和每年投资收益来抵抗不同程度的风险，同时也写清楚达到每个等级需要拥有的能力。这样也可以做到把财务自由这个目标给分解，像打怪升级一样，从简单到难，一点一点进步。

在笔者的定义里，不同储蓄目标给你的自由可以分成5个级别，首先计算一下你每年需要的花费，你需要多少储蓄完全要看你的花费有多少。

第一级，财务安全线，就是有半年的年花费作为储蓄。它可以支持你半年没有工作依旧有良好的生活，你有换工作，离开错误公司、错误上司的自由。

第二级，年轻人的第一桶金——5年的年花费。在一线城市这个数字在40万~50万元左右，这笔钱可以作为你自我提升，如考MBA、考研究生、继续深造的学费，可以作为你的结婚基金，也可以作为你做一个小生意的本钱。

这笔钱是你未来向上走的一块金砖。

第三级，12.5年的年花费。当你有这些储蓄后，你就可以暂时离开繁忙的工作，换一个比较安稳清闲的工作，即便是薪资有所下降，你依旧可以用储蓄的利息所得，来维持之前的生活水平。

第四级，初步自由，25年的年花费作为储蓄。但是需要每年将投资的年化收益做到7%，用3%来对抗通胀。除了存银行定期外，你还需要分散投资到债券类或定投基金来提高收益、分散风险。但这只适用于单身、有房的情况。

第五级，实现彻底的自由，需要的是有50年的年花费的存款、当地一套房、加上孩子的教育基金（50万～200万元）。想要达到这个级别的财务自由，在一线城市你至少需要1200万元，在二线城市大概需要400万元。在走向第五级财务自由的过程中，你的社会资源、工作能力、理财能力都已经得到了提升，所以第五级并不是可望而不可即的。

第 6 章

财务自由也是月薪3000的我能想的事?当然!

一提到"财务自由",这四个字,就会给人一种遥遥无期的感觉,甚至如果有人说普通人靠工资储蓄和稳健理财也可以实现财务自由、提早退休,做自己想做的事情,就有人发出那个著名的表情包:这也是月薪3000元的我能想的事?

人与人之间的差距往往就在这一念之间。有一部分人有理想后,想的是怎么找方法、找路径,即便是发现路径和方法都行不通,也会开始分析问题出在哪,以及旧方法有没有值得借鉴的地方,然后积极探索新的路径。

另外一部分人,当发现目标太高时就彻底"躺平",转而嘲笑还在努力的人,攻击那些分享方法、分享经验的人。

前者只要走的是正路,努力一段时间终归会有成果,即便最终没有达到目标,在路途中也有满满收获。

而后者,基本上会一辈子碌碌无为。

笔者一直是前者,也想与更多的前者同行;而后者,笔者建议你把书合上吧,这本书不适合你。

这一章，笔者想先分享一下，自己是如何通过制定和分解理财目标而走出迷茫，以及在实现财务自由的各个阶段里，笔者的纠结和成长在哪里；笔者是如何从月入几千元、只能住在五环外城中村，到创业成功、在北京买房的；笔者是如何在走向财务自由的路上，一步一步地认识自我从而蜕变成一个更好的自己的。

第一阶段：刚进入社会的迷茫期

笔者一直属于应试教育下所谓的"好学生"，22岁大学毕业，却遇到了人生中一个不小的挑战：意义感和方向感的缺失。

笔者那段时期的状态，现在想想，特别类似"中年危机提前了"。就像歌曲《差不多先生》中唱的那样：有着差不多的学历，打着差不多的工，有着差不多的生活，内心差不多的空。

笔者起初在一家互联网大公司工作，每个月工资几千元，只能在北京五环外租房子住。每天上班、下班、刷剧、周末逛街……京城那些豪宅肯定是买不起，但也不缺衣少食。一眼看得到头的生活，好不了，也差不离。

想赚钱，但是也不知道怎么涨薪。看着新闻里面动辄几百万的房子和几个亿的财富自由，算算要不吃不喝很多很多年才能达到。

没有上学时候为了期末考试熬夜通宵复习的奔头，也没有特别大的惊喜和快乐。

在我们20岁之前，这个社会机器给每个人定好了非常明确的目标，每个月、每一年，都被考试、升学这些阶段性目标制定好了刻度标尺，你明天该做什么（学解二元一次方程）、明年该做什么（升高年级）、做得好可以变成什么样（进入重点学校）、做得不好会变成什么样（打电话叫家长）……大多数人前20年的人生都活在确定性、可预测性之中。

但是出了校园后，我们的人生好像一下子就没有目标了。你拥有了绝对的自由，可以明天就辞职，也可以明天就开始一个能改变世界的事业，你被暴露在巨大的不确定、不可预测的情境之中。

这时候，人往往会衍生出两种状态：第一种叫"空心症"，内心空洞，不是绝望痛苦这么强烈的情感，而是一种生活的无意义感，不知道为什么活着，每天行尸走肉一样上班下班、结婚生子；第二种就是月光族，大房子太贵可望而不可即，财富自由动辄要几个亿，跟我没啥关系，与其为了一个够不到的目标每天苦大仇深，不如活在当下，好好享受，所以干脆一分钱都不存。

第二阶段：开始存钱，并积极谋求职业转型

在第一阶段，笔者也渴望财富自由，想做自己喜欢的事情，但几个亿距离当时的我太遥远了，直到发现了FIRE运动。

当笔者依照上一章的5级财务自由线设定了目标，计算出财务安全线后，就开始了攒钱之路。那时笔者工资几千块，做的最基础的运营岗，住在五环外类似城乡接合部的一个小区的开间，月租就要花掉我一半的工资。一旦周末出去玩，没有及时赶上地铁，打车回家要花近200块钱。

笔者通过减少不必要消费，控制自己的"剁手"欲，年底成功攒了2万块钱，跨越了第一级财务安全线。现在看来为了攒2万块钱而花费几个月的努力好像属实是没必要，但是这个攒钱的过程很有意义，它让我明白了三件事：

第一，重新审视自己的消费习惯，发现自己很喜欢买一些不实用但看起来不太贵的东西，这些加起来比买一件质量更好的实用的东西，花费的钱更多。

第二，笔者开始接触理财产品，并且尝试购买基金、保险等理财产品，虽然理财方式有错误，损失了一些钱，但是这让笔者在初期花了较少的学费，对日后避坑很有帮助。

第三，笔者意识到收入才是影响我存款速度的最大原因，想要达到后面的级别，我需要提高收入才行，于是开始把眼光放长远，想办法提升收入。

互联网运营是一个薪资提升慢的职业，这是职业本身的问题，而且长期做一些琐碎的运营工作，让人很难做到有效积累。

所以笔者的第二份工作，结合了互联网大公司的工作经验、经济学的学历背景，成功申请到中国最好的投资咨询公司的职位，这家公司的特点就是薪资待遇高、年终奖多，因为这个公司做的项目都是业内顶级的项目，培养出来的员工都有更好的行业洞察力。

但随之而来的就是加班非常多，多到几乎每天都是工作到半夜，如果哪天能11点下班，都是要谢天谢地。笔者不在乎加班，而且很庆幸这份工作解决了收入问题。

换工作后的第一个年底，得到的年终奖交的税就能买一辆车，这是当初赚几千块的我，完全不敢想的。也是通过这几年的加班和努力，以及投资，我终于达到了第三级，存款达到了12.5年的年花费。

第三阶段：调用收入杠杆，进入财富快车道

当笔者达到了第三级，有了经验、能力和积蓄作为底气，便开始谋求更高级别的财务自由，但是发现这份投资公司的工作也有它的问题：

第一，因为工作压力大，笔者几乎没有任何自己的时间去探索更多收入的可能性，甚至笔者也没有时间关心市场上有什么新的机会；

第二，它无法带给笔者任何资源的积累，包括业界声望、粉丝、客户，只能靠每天的工作赚工资；

第三，工资只可能是线性增长的，难以用上收入杠杆来指数倍地提升收入，比如资本杠杆（融资）、人力杠杆（雇人提高生产力）等。

所以笔者跳槽到了买方基金公司，做投资人，积累自己的行业资源和一线经验，为自己日后的创业打基础。

笔者去的是一家老牌的美元基金，做科技领域的投资，这份工作给了我更多的自由，可以自己控制自己的时间，每天安排会议，见需要融资的CEO，听他们讲行业机会、行业问题及相应的解决方案等。

笔者选择这份工作的原因有三点:

第一,接触的是最新、最尖端的行业,每天都能掌握最新的行业动态,并且工作时间相对灵活,一旦笔者发现机会,可以先作为副业,低成本尝试一段时间,成熟后再全职创业;

第二,投资人往往能接触到大量的风险投资同行朋友,并且可以与众多的CEO交流,笔者最多一天见了8个公司的CEO,而这些人脉资源会一直跟随自己;

第三,笔者能看到真实的创业经验,了解创业者们会掉到哪些坑里、又抓住了哪些机会。

后来的故事,前文已有所提及,笔者看到并及时抓住了短视频的机遇,做成了微博Top20的财经自媒体,获得了字节跳动的独家签约,公司也获得了硅谷知名基金的投资,向终极财务自由一步一步迈进。

每一步，笔者是如何做选择的，经历了怎样的取舍，又是如何抓住机遇的，这些都会在之后慢慢拆解给大家看。

写这些是想用自己的经历告诉每一位迷茫、没有方向、没有目标的人，财务自由是一个普通人可以做到的，通过管控欲望、提升能力、抓住机遇，普通人也可以获得想要的自由。

第 章

资产配置方法论：
10万、100万、1000万，分别应该怎么储蓄？

在讲具体的资产配置方法之前，我们要解决一个根本性问题：为什么要进行资产配置？

很多人会觉得，我没什么钱，或者我已经非常有钱了，资产配置就不重要了。这个观念是错误的。我们看一个例子就能明白投资的重要性了。

你觉得你需要在30岁的时候每月存多少钱，才能在60岁的时候有100万元呢？

从30岁开始，每个月存2840元，到了60岁就有100万元了；或在30岁一次性拿出35000元做投资并且收益率年均12%，到60岁也拥有100万元了；再或从30岁开始，每个月拿286元进行投资，综合年化收益率12%，到60岁也有100万元了。

从这里我们能看出来不同的投资方法，对于本金的要求和收益会有不同，一下子让你拿出35000元，可能对于很多人来说不是很容易；但是每个月拿出

286元，持续投资，其实是不难的。

另外，单一投资品类保证每年12%的年化收益率是很难的，但经过多种理财产品配置，实现综合年化收益率12%，还是有可能的。如何搭配购买不同的理财产品，巧妙提高收益率？就是这一章我们要解决的问题。

在讲具体的方法之前，我们还要明确两个非常重要的概念：既然要进行资产配置，那什么是资产，什么是负债呢？

资产就是能把钱放进你口袋里的东西，比如说房子、股票、存款，这些都是资产；负债是把钱从你口袋里取走的东西，比如买车、豪华装修、买衣服。而想要做到财务自由，首先要有的概念就是，我们要把自己赚来的钱，多多变成资产，而不是负债。

那有人会说，既然知道了资产是什么，直接买就行了呗，为什么要对资产进行配置呢？

因为我们不知道资产未来的发展是怎么样的，如果知道未来的发展的话，那么就没有做资产配置的必要了。

如果知道黄金肯定会涨价，那么把所有的资产全部买黄金就好了；如果知道这个股票会涨价，那么就把所有的钱都投入这个股票；如果知道在哪一个时间必定会花许多钱来看病，那么就提前买好相对应的保险……

但是我们根本不能准确地知道未来的发展方向，所以我们需要做资产配置，去分散风险；通过把有限的资产进行不同的配置，从而实现财务自由。

资产配置方法论

配置资产有两个非常简单的方法，普通人也可以快速检查出自己是否把钱放到了对的地方，那就是"100法则"和"4321法则"。

100法则是用来衡量你的风险偏好的：用100减去投资者的年龄，所得数字乘100%就是该投资者适合投资高风险理财产品的比例。如果你是偏保守的投资者，那么可以将"100法则"改为"80法则"，用80减去年龄来获得应投资高风险理财产品的比例。

以基金投资为例，25岁刚入职场的年轻人，可以将闲置资产中的75%（100-25=75，75×100%=75%）投入股票型基金或混合型基金中，剩余的25%投资在债券型基金、货币基金等稳健型产品上，争取实现资产快速增值。

而对于50岁的中年人来说，股票型基金的投资比例就应降到50%，稳健类投资产品的投资比例要相应上升。简而言之，家庭理财随年龄的增长应逐渐降低股票类资产的比例而增加固定收益类资产的比例。

知道了自己的配置比例后，就可以根据这个数据来调整，具体的调整方法分成四步，我们拿50岁的人来举例。

第一步是确认份额，就是先用100减去50，然后再乘百分之百，就得到了50%。说明购买高风险的基金、股票的比例应该是50%。

第二步是选择产品，将自己的资产分配50%到基金、股票，分配另外50%到低风险债券、银行理财等产品。同时买入，进可攻退可守。

第三步是再平衡，一般债券的年化收益率是6%~7%，股票收益率不稳定，根据资产比例，定期重新调整比例，实现再平衡。

第四步是调整，随着年龄的增长，高风险的股票基金的比例应该逐步下降，所以可以根据年龄，定期调整资产配置的比例。

"4321法则"是一种极简的资产配置比例口诀：把你的资金分成40%、30%、20%、10%共4份，分别对应四种资产类型，即股票基金、债券或其他低风险理财、保险和日常流动资金。

不同阶段的人，对应的比例也是不一样的，这里为两种不同收入类型和生活阶段的朋友，总结了资产配置方案，分别是刚毕业的学生、有家庭的企业白领。

如果你是刚毕业的学生，年龄在25岁左右，月收入一般是在人民币3000~10000元，存款一般在20000元以下，并且是没有车贷和房贷的情况下，可以将闲置资产的40%投入股票型基金或混合型基金中,做科学定投;剩余的30%投资在债券型基金、货币基金等稳健型产品上。在人生早期,你的资本不多,而且有学习能力,可以尽早开始接触股票和基金。这个时候,由于投入资本不多,所以即便亏损,也不会造成太大的损失。留下20%的资金作为日常流动资金,最后10%的资金用于购买保险。

如果你是30岁以上有家庭的企业白领,月收入过万,存款在5万元以上,可以把收入剩余资产的40%用于债券等低风险理财,30%作为家庭日常流动资金,20%用于高风险股票类基金投资,10%用于购买保险。

具体分配比例,可以根据自身情况进行调整,但资产配置的大体逻辑不变。

资产配置实操

如果有10万、100万、1000万,有什么具体的储蓄方法,让收益更高?不同资产量级,资产配置的核心诉求是不同的。

如果你有1000万元存款,就意味着你可以靠利息活下去了。假设每年利率为5%~7%,那么利息就有50万~70万元,每个月都有几万块的利息收入,已经可以保证较高质量的生活,所以投资的时候可以以资金安全为主。而且这个数字已经达到绝大多数银行的私人银行标准,你可以找靠谱的私募机构帮你打理资产,不仅省心,而且回报还比自己投资更高。

如果你有100万元存款,那么你的理财和资产配置主要要靠自己,你的理财能力直接关系到你是否可以积累更高量级的财富。股票和基金这种高风险的配置比例可以稍微提升一些,可以适当追求收益而非单一的安全性。

有闲钱的时候可以购买低风险的国债逆回购,来短期提升资金收益。国债逆回购是一些券商在某些特定时间有资金需求,然后用国债作为抵押品,向散户借钱,这个产品在特定时间收益非常高。比如2019年元旦前后,1天期的国债收益率最高飙涨至20%。同时它的风险极低,因为有国债作为抵押品；同时也很方便购买，在所有的券商软件里都可以购买，像买股票一样简单。深圳证券交易所的国债逆回购最低1000元就能买，上海证券交易所门槛稍微高一些，需要10万元起购，不过对应的收益也更高一些。

买国债逆回购想要收益高也是有技巧的：第一，在9：30～10：00买入，从历史数据看，这是国债逆回购收益率较高的时段；第二，在9月29日买入，9月30日计息，按理10月1日到期可取，但因节假日无法取现，故一直计息到10月8日。这样一算，1天期换来9天收益，非常划算；第三，节假日前后买入，如2020年端午节前后1天期国债逆回购利率最高涨到7%，节假日的收益往往比平常高两倍多。

如果你只有10万元存款，那说明你还比较年轻，或者是收入并不是特别高。那么建议你做两件事：用这笔钱开始学习投资，同时用比较大的资金比例来投资自己，让自己变得更值钱，赚得更多；选择三段式储蓄法，让自己的存款收益更高。

三段式储蓄法：将自己的钱分成三份，第一份存1年定期存款，第二份存2年，第三份存3年。第二年到期的钱，如果不用，就存成3年的定期存款。这样可以保证你每年都会有一笔钱到账，解决资金的流动性问题，并且每一笔钱都能享受3年期的高利率。

第 8 章

不要被钱困住

从古代人视角来看,我们现在的生活真可谓"物质极大丰富"了,但是现在的人变得更自由、更幸福、更开心了吗?似乎并没有。而且人们的生活还变得更忙碌了,需要一刻不停地工作,好像新时代的"工蜂"。

现在一、二、三线城市里的年轻人已经很少为吃饱穿暖发愁了,从收入的绝对值来看,现在大城市的年轻人的收入,远超过去几乎每个时代里年轻人的收入,但是相对高收入的人们总还是觉得自己很缺钱。

为什么?很多时候,人们是被"钱"困住了,困在消费主义和缺钱这两堵高墙之中。

这一章,笔者将通过"拔草"和"种草"这两个部分,来解一解这个"钱劫"。

第一部分　拔草

其实生活必需品即便是买那些质量相对好一些、价格相对高一些的,一年也是花不了多少钱的,只要你的收入等于或高于所在城市的平均收入,这些必需品也不会让你需要申请消费贷款。

而消费主义的存在打破了这个平衡,它在用4种方法来影响人们的判断,重塑人们的需求,让人在各种广告的洗脑中,不自觉地买了很多其实并不必需的东西。

这就形成了一种恶性循环:越是缺钱越是需要工作,越是在工作中受累受委屈,越容易被商家的消费主义广告洗脑,把自己的钱都拿来买一些不必要、不保值的东西。即使收入提升了,但是钱没攒下来,仍旧需要一刻不停地工作维持生活。

这就好像小学的数学题:两根水管,一根在放水,一根在蓄水,请问这个池子什么时候能蓄满?小时候的我们直觉上都会想,赶紧把那个放水的水管给关了不就行了吗?长大后,我们都成了那个一边蓄水一边放水的人。

如果不想这样被困在恶性循环里,识别消费主义的套路是第一步。

第一,消费主义喜欢把社会价值和消费挂钩。这是商家最喜欢用的手法,而且越是高端品牌越喜欢这种方式。比如知名护肤品牌SK-II会找一些事业上取得好成绩的女性来做代言人,让人把独立女性与SK-II这个品牌结合起来,似乎只要买了这个产品,你就是独立女性。

再比如Brandy Melville这个品牌,特点就是只有小码、裤长特别长,其实这个版型只适合欧美人,没有为亚洲人专门设计,但是炒作了一个"BM女孩"的概念,把能否穿下他们家的衣服,作为衡量女性身材的标准。这个品牌特意花高价雇又瘦又高的女孩做收银员,把品牌和好身材进行捆绑营销。

第二,消费主义会创造需求。花钱本来应该是填补刚需,但是很多商家是不满足于这一点的,所以会用广告来创造需求。你一定听过这些话:每个女人都要有一双红底鞋、工作3年一定要有一个大牌包包、求婚一定要有钻戒、成功男人的标志

就是手上有一块名牌腕表、成功人士只开"大奔"……

这种营销手法就是把非刚需，人为地塑造成刚需，提升市场规模。这种被人为制造的必需品，在你的生活中所占比重越大，你的钱包也就越瘪。

第三，消费主义喜欢把价格和品质强行绑定在一起。你一定听过这些话：贵不是产品的问题，是你的问题；便宜的东西全是缺点，贵的东西唯一的缺点就是贵。这里面的逻辑是对的吗？当然不对。

高品质的产品确实是需要高成本，但是你真的需要那么高的品质吗？产品的品质和成本其实可以画出一条边际效应递减的曲线，横轴是成本，纵轴是品质。

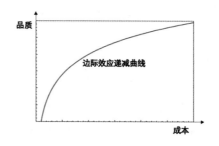

我们可以发现，品质确实是随着成本的升高而变高，但是到了一定的程度以后，想要提升品质，要花的钱就需要多很多，如品质从40分提升到60分，可能成本需要涨10%；但是如果想把品质从98分提升到99分，成本可能就要增加十倍百倍。但对这个世界上绝大多数人来说，是根本不需要品质为99分的产品的。

另外，品质高会需要更多成本，但是反过来这个逻辑可不一定成立，价格高的产品的品质一定好吗？不是的，营销费用、运营费用，都算作成本，你花的钱，很可能并没有花在产品本身。

第四，把工业品包装成稀缺品。这是消费主义的一大奇观，如果有一天外星人来到地球，一定会诧异人类的这个习惯：明明就是可以大规模生产的工业品，只是因为商家的限量，它就成了身价不菲的收藏品。

比如高端球鞋，此处只考虑制造工艺，去莆田看一圈就知道了，这世界上最顶尖的造鞋工艺都在那里,只有你想不到,没有做不出来。球鞋早就不是稀缺品了,但是商家的炒作和限量,却可以让人对这样的工业品趋之若鹜。

再比如盲盒,塑料娃娃只要开模,生产多少完全看甲方的需要,500个和500万个都能做出来。这个产业的核心是二级市场,就是二手盲盒娃娃的价格,如某个系列的某个隐藏款可以炒到几千元甚至上万元,那么这个系列的产品就会刻意提高价格、减少产量,来"割韭菜"。

第二部分　种草

除了消费主义以外,我们还会被另一堵高墙困住:始终觉得自己很缺钱,需要攒钱,所以不敢多花一分钱,最终导致自己有一种"不配获得感",反而会影响日后的收入。

这里笔者想讲四种大家可能会想在它们身上省钱,但其实是很值得花钱的事物。

第一,花钱祛魅,得到"配获得感"。

比如你从来没有去过五星级酒店,觉得那里很气派、很憧憬,那其实找个机会去住一下,这个钱花得也很值得。如果你连1000元都不舍得,那花100元去吃一次五星级酒店的自助早餐也没问题。

你住一下就可以明白这个酒店好在哪里,同时也能给这个酒店祛魅:"原来好酒店就是这样的呀,其实看起来也不过如此。"再好的酒店也无非是人造的,没有什么神秘、高级。很多时候我们神话某个事物,不是因为了解,而恰恰是因为不了解。

你没有体验过,很可能在潜意识里会有"不配获得感",你会给自己一个限制，觉得自己配不上，觉得自己跟那些住得起这种高级酒店的人是不同的，那样的人更高级，更配得上这些好东西。慢慢地，你可能会变得不自信，总觉得自己比别人差一截。

但是当你祛魅了以后，你就会发现，它就是个酒店而已，自己能住好几千元一晚的，也能住一百元、几十元一晚的。这个祛魅的经历可以给你一种"配获得感"，让自己更自信些。

第二，花钱提升生产力。

一个人买豪车、花大价钱租房子，这个人就一定是被消费主义洗脑了吗？当然不是，很有可能这是一个聪明人。一个商人花钱买车、租很好的办公室，这对于这个商人来说，并不是消费，而是购置生产资料，他在用这些东西向每一位客户、合作伙伴、员工展示，自己是有实力的，花掉这些钱，可以快速建立信任，换取更大的生意，这是非常值得的事情。

再比如，花钱学习技能。笔者建议每一个工作3年以内的人，都把精力放在学习和花钱提升自己上。对于任何一个人来说，工作前3年赚到的钱，在他的职业生涯里，都是占比很小的。要对未来自己的赚钱能力有信心，把钱花在让自己更值钱的事物上。

当然，在选择课程的过程中也要做足功课，挑选出真正有价值的课程、真正适合自己的学习方向。

第三，花钱省时间。

经济学中有一个概念叫"比较优势"，放到生活中的例子就是做家务，如果你的收入平均时薪是300元，而请一个家政阿姨每小时150元，那么你就应该请一个阿姨来做家务，而你的时间应该用在工作上。

类似的例子还有租房位置，假设离公司很近的地方比远的地方月租金要贵1000元，那你是否要多花这1000元呢？花钱省时间是很值得的，每月1000元，可以让你每天早晨多睡1小时，晚上多1小时的休息时间，而不是浪费大量时间在通勤上。但如果近距离与远距离月租金差异过高,超出自己承担范围,则也要慎重思考,你的时间是否值得付出这些钱?

第四,花钱提升审美力。

很多竞争到最后,拼的是审美力,因为多数技术并没有那么难以掌握,一个工作了1~2年的熟练工就可以掌握,但是真正决定一个人在这一行业发展的高度的是他的审美,这种情况在很多行业都存在,比如影视后期、摄影师、设计师等,甚至即便你的工作跟艺术没有关系,但能做一个更好看、更简洁的PPT,都能让你有脱颖而出的可能。

审美其实是非常难以提升的,它是一个人从小到大的家庭教育、学校教育,以及人生经历综合反馈出的东西。一个经常看到高级审美事物的人,审美往往比那些沉浸在"土嗨"小视频的人要更高级。

所以花一些钱,去逛一逛美术馆、有艺术气息的高级酒店,听优质的音乐,是很值得的。

不被钱困住,不仅指的是被缺钱困住。

事实上,很多人是被要不断消费的念头困住了,被自己要省钱、要存钱的念头困住了,阻碍了财富让我们变成更好的自己。

在每笔消费前,多问问自己,是真的需要购买这个东西,还是被消费主义困住了?在想省钱之前,也多问问自己,是不是被"要省钱"的念头困住了?

当你把自己从这个金钱堆砌的困局中释放出来,你会发现财富也在向你奔涌而来。

如何选房性价比最高？

国家"房住不炒"的政策和各地严格的限价限购政策推出后，买房这件事从"闭眼买房必赚钱"变成了可能会亏本的生意。

距离北京仅几十公里的燕郊的房价，就从2017年最高点18000元每平方米，跌到了8000元每平方米。大量低级别城市房屋的交易速度也在放缓。

买房子，对任何一个家庭而言都是一件大事，甚至是很多普通人此生花的最大的一笔钱。那如何买房子性价比最高？什么样的房子要尽量避免购买？如何买房子才能省钱？

这一章，就用笔者自己的购房经历，以及总结出的普适性刚需选房方法论：房屋类型筛选、房屋保值特点和买房砍价方法论，帮你避坑。

笔者的买房经历

笔者是在2021年获得的北京购房资格，在2020年的时候就着手了解北京楼市，在有资质后依旧等了一段时间，等到了一套业主着急置换，愿意降价的房源后，笔者才购入。这段时间，笔者累计看了100多套房屋，涉及40多个小区，并且完整参与包括议价、贷款、过户等全套购房流程。从笔者自身经历出发，给出以下三个综合建议。

第一，**多去实地看房**，笔者从开始看房到最终出手买房，总共历经一年半的时间，在还没有购房资格的时候就开始了看房之旅，平均每个月去两次，把朝阳区几乎所有符合条件的楼盘都看了一遍。笔者发现看房最大的好处就是帮助你快速建立对此领域的了解，但凡是仔细看过30套以上的房子，你就能成为小专家。

那看到什么样的状态，就算是小有所成了呢？就是带你去一个你不知道价格的小区看房子，如果你看完房子并且了解了房屋及周边的基础情况，你能给出一个估价，并且这个价格距离成交价偏差不到5%，你就是小专家了。相信我，这

件事并不是很难，看得多了，你自然可以总结出影响房价的因素，并且形成基础的认知。

第二，**及时了解最新的政策**，购房及贷款政策并非一成不变。笔者就因为忽视这个问题耽误事情了。根据政策规定，本来笔者以为自己是可以用公积金贷款几十万的，但是忽视了公积金贷款总金额与近6个月公积金缴纳额度相关，所以实际上笔者只能贷款几万元。公积金的贷款利率是很低的，属于国家给每个普通人的"福利"。但就因为笔者没有注意到这个限制，导致错过了这个"福利"。

具体的政策建议大家多问几个带你看房的中介，最好是店长级别的，近期经常做交易的，这样才能了解最新的政策，避免因为购房资质和贷款问题而误事。

第三，**对于购房建议，兼听则明，避免被"贩卖焦虑"**。现在主要有两类

人一直"贩卖焦虑",第一类是网上鼓吹"买房必涨"的"大V",他们的目的是吸引购房者到他那里买房;第二类是带你看房的中介,为了尽快促成成交,可能会编造不存在的客户,让你相信过了这个村就没有这个店。

实际上,目前房价已经趋于稳定,很多政策的出台也都是为了稳房价,而并非"大V"口中说的"让房价起飞",所以我们现在已经完全没有必要被焦虑驱使,而去买自己不喜欢的房子。

除了以上三点综合建议外,笔者还有三个针对"刚需族"的,使买房性价比最高的方法论。

房屋类型筛选

这部分是三个方法论中最重要的,要明确自己对房屋类型的需求,并且要明白什么类型的房子保值属性最强。有的时候明明是价格差不多、位置差不多的房子,就是因为房屋的类型导致其中一个很难卖出去,而另外一个流通性和保值性更高。

第一,注意房本上的房屋权属和用途,最保值的类型是权属为商品房、用途为普通住宅的房子。这类房子的产权时间长,有70年,而且持有成本比较低,水电费的计费标准是民用标准,远低于商用水电的费用,同时通天然气。

除了房屋持有成本以外,在房屋的保值性上,普通住宅也远高于公寓。以北京三环核心地段优质小区"金茂府"为例,公寓的价格在2017年限购政策出台后均出现不同程度的下跌,甚至出现原价1100万元的房子现在只能卖到700万元的情况,但同一小区的普通住宅却跑赢大盘。北京核心区优质小区明星楼盘的公寓都做不到保值,普通人除非是已经有多套住宅,否则不建议购置公寓。

公寓产品之所以会有很多中介宣传,主要是因为它的佣金一般是远高于住宅

类产品的，根据笔者调研情况来看，北京地区佣金最高的一处公寓可以给到中介房款的10%，这也是为什么几乎所有的北京中介都在代理那处公寓，也可见这类产品价格的水分之高。

第二，**房屋朝向"鄙视链"：南北通透＞朝南＞东西通透＞朝东＞朝西＞朝北**。南北通透的房子可以获得足够多的光照，属于冬暖夏凉型，而且可以让房屋通风。但是要注意，有一些伪通透的房子，比如朝南的窗户与朝北的窗户之间有墙隔开，或者客厅朝北、主卧朝南，这两种都会让通透性打折扣。

纯朝南次之，牺牲了通透性；东西通透和纯朝东或朝西，都会有光照的问题，朝西的房屋夏天温度过高，空调电费居高不下。最不好的房子朝向是朝北的，因为我国地处北半球，大部分地区处于北回归线以北，所以朝北的房子在大部分地区是没有任何光照的，长期在没有光照的房子里生活，对健康会有一定影响。

第三，面积的选择上，年轻的时候尽量买稍大一些的，年老的时候尽量买稍小一些的。年轻的时候，无论你当前对面积的需求是多少，都建议在买房的时候增加10%～20%的面积。因为随着成家、生子、事业发展，年轻人对房屋面积的需求一定是增加的；而如果买的时候符合了当下的需求，没有考虑日后人口的增加，那么很可能没过几年就需要再置换。现在的房屋置换成本很高，这无异于一笔损失。

年纪比较大的时候，除非家中人口众多，否则尽量选择小房子，这样打扫起来更方便，也会使家庭显得更温馨。

房屋保值特点

在实践中，普通人怎么才能精准找到保值的房子？在考虑房屋保值率时，我们应该思考的底层逻辑是什么呢？我们要把房子当成一个商品来看，了解影响二手商品的主要因素都有哪些。

首先，这个物品最好是有稀缺价值的，比如一些古董、限量版的奢侈品皮包、限量款的知名歌手唱片，它们都有很好的保值属性。

其次，市场受众面广的，保值性也比较好。比如同样是限量款唱片，一个是大家都很喜欢的周杰伦，一个是外国冷门歌手，那自然是周杰伦的唱片更好卖，你自然可以在众多买家中找一个出价最高的人成交。

而且，作为二手商品，你这张唱片的维护程度也会影响价值，维护得越好，越保值。

想买到保值率好的房子，也是一样的道理，需要关注三点：房屋的稀缺价值、房屋的流通性及房屋和所在小区维护的好坏。

第一，稀缺价值，这一点可以分成两部分来看：一个是房屋本身的稀缺性，另一个是房屋的配套资源的稀缺性。

想要买到具有稀缺性的房源，可以记住一句顺口溜：大城买小房，小城买大房。

一、二线热门城市性价比最高的购房方式是买小租大。核心地段的大房子和小房子的租售比是不一样的（租金/房价×100%=租售比，租售比越高，越适合买房；租售比越低，越适合租房），面积小的房子租售比更高，单靠租金就能有效缓解房贷压力；而大面积的房子租售比反而低，适合租住。很多两室一厅的房子的租金仅仅比一室一厅的贵了20%～30%，但是在买房时，多一个房间是要按面积算房价的，房价贵了不止30%。同时，在你要用钱的时候，小户型是能最快出手的。

三、四线城市的保值策略是小城大房。三、四线城市未来整体房价趋于平稳，而如果希望不要贬值，就要牢牢掌握稀缺资源。一个城市最靠近市中心的房子，以及小城市开发商最好、品质最高的楼盘，这些对于这个城市来说都是非常稀缺的，比如沿海城市的海景房、城市最中心的小区楼盘、知名景点旁边的房子（比如阿那亚礼堂旁边的房子），等等。未来也不会有太多这种类型的供给，房子卖一套少一套。所有的增值都是因为需求大于供给，如果三、四线城市的房子注定需求不会有大的爆发，那就牢牢抓住供给这一端，选那种"我有人无"的产品。

另外，提到房屋的稀缺性，就不能不谈配套设施，让房价有保值增值属性的一大关键是配套设施的进一步完善。

不过这句话其实很具迷惑性，很多人都是掉进配套设施的"坑"里了。首先什么是好的配套设施？学校、地铁、商场，这是重要配套；公园、医院、大学给房屋价值的带动效应并不大。另外这里说的是进一步完善，是正在进行中才算。这里我们拿地铁举例，一个新的地铁站对周围房价的带动作用，共有三波上涨：第一波是消息放出的时候，人们刚刚知道这里要修地铁；第二波是开始动工；第三波是正式投入使用前半年。在投入使用后，地铁就不会再使周围房价上涨了。

第二，流通性。二手房想要保值，需要的是所谓"接盘侠"，只有愿意接盘的人足够有钱，才能出得起比你购买时更高的价格。什么能聚集足够多的高端人群呢？产业，你选择的区域需要能聚集足够多年轻的人，并且是朝阳产业才行。

朝阳产业的高端人群是刚需购房的主力，如果这些年轻人手里有钱，那周围的二手房未来保值增值潜力就很高。

这也能解释为什么北五环外的上地、望京的房屋价格动辄十几万元每平方米，而南三环的房子的保值属性就不强，还有5万~6万元每平方米的房子。因为上地、望京有目前最朝阳的互联网产业，汇集了大量的年轻人；南二环、南三环没有太多好公司，自然没有那么多有钱的年轻人来"接盘"。

另外还有一个值得注意的选房小窍门：尽量选大体量小区，或者知名楼盘的房子。

炒过股的人都知道，想要股票保值增值，成交量是非常重要的指标，只有买的人足够多，市场足够活跃，市场才能是卖方市场，价格

才有上涨的动力;如果成交量持续低迷,价格别说涨,还有大跌的可能性。

同一城市的两个小区,一个是知名大型社区,关注的人多,成交量大;一个是只有百来户的小区,一旦你选了后者,又着急卖房子,很容易因为买家很少,你又着急出手,只能被迫低价销售。

第三,房屋维护。买过二手商品的人都知道要挑维护得比较好的,二手房的买家也是这样的挑选逻辑。那我们如何才能在买房的时候就预知,这个房子未来5~10年,小区、房屋外立面维护得好还是不好呢?可以看几个很重要的因素:外立面材质、小区物业费、小区容积率。

首先,外立面材质会非常影响5~10年后房屋的外观。外立面材质由好到坏的排序:干挂石材>砖>涂料。干挂石材属于最贵的一种,但是历久弥新,很多年以后看起来还是跟新的一样;而涂料在经过风吹雨淋以后,很快就会开裂掉漆,后期补的涂料往往会有色差;而无论怎样的工艺,以砖做外立面,都会在5~10年后出现掉砖的情况。高层住宅外墙掉砖可能会有一定的安全隐患。通过外墙材质,你大概就能判断出房屋5~10年后的外立面状况。

其次,优质物业公司和较高的物业费,会提升公共区维护品质,这在初期并不明显,但是在5~10年后就会非常明显,比如草坪是否及时补全、树木是否定时修剪、地砖脱落开裂是否及时更换。这都会在二手房交易时影响房价。

最后,小区的容积率越低说明小区的人口密度越低,一般别墅区容积率是1以下,6层洋房社区为1.5,20层以上的高层社区容积率是3左右。容积率越高说明单位面积的人口越密集，人口越多，公共设施的使用就越频繁，越容易老化。

买房砍价方法论

怎样用最实惠的价格，买到性价比最高的房子？这就离不开砍价方法论了。这也是笔者综合了自己的买房经历及访谈了多个房产中介后，总结出来的5个方法，让你用更少的钱买到心仪好房。

第一，**不必迷信大中介**。中介费其实在二手房交易中是一笔不小的费用，最高的中介费能有总房款的2.7%，而同一城市同一地段的中介费最低可以到总房款的1%。目前在中国核心城市都已经没有"独家房源"这个概念了，所以任何一套二手房，都是可以由任何一个中介来做交易的，提供的服务并没有太大的差别，所以如果你想省钱，可以选择一个稍小的正规中介公司。可以花小钱，也把事情办了。

第二，**新房年底买**。同样是买房，时机的选择也非常重要，买新房的时候要挑年底买房。年底开发商要冲业绩、需要发工资，急需回款，所以一般年底的优惠力度最大。这个年底是指自然年，一般在12月底。

第三，**二手买置换**。买二手房要想"捡漏"的话，购买的时间就不是非常重要，关键要看前任房主的卖房原因。这里面就有门道了，有些业主其实并不着急卖房，只是想把房子挂到交易网站上，看看市场情况。当房主不着急卖房的时候，就很难谈价格。要找急用钱的业主，比如业主要卖老房子置换新房子，尤其是那种新房已经定好了，只有几个月的周期卖老房子。这种类型的房主着急出手，诚心出售，就很容易同意以一个合理价格出售房屋。

第四，**珍惜首套首贷的资格**。"首套首贷"具体要看各个城市的具体要求，但大体上来讲，国家为了帮助刚需族尽快购买自己的住房，一般会在贷款年限、贷款利率上有很大的优惠。一旦你有了房贷，哪怕只有几万元，那么你下次买房也不能算首套了，相当于"浪费"这个优惠贷款的资质。

第五，跟业主或开发商砍价的时候，要明确自己的优势。什么样的条件，算是买家优势呢？笔者总结了以下几点。

付款周期短：2个月以内可以付清首付，这样如果卖家着急用钱，可以快速获得首付钱。着急用钱的卖家一般会因为付款速度，而适当降低房屋价格。

全款购房：办理贷款一般需要15~45天的周期，如果你可以全款购房，那么也算是有买家优势，可以借此"砍价"。

第三部分

如鱼得水·职场指南

怎么做职业规划,能最高效地提升工作能力、快速升职?怎么找到好行业,实现对同龄人的弯道超车?如何找到最适合自己的工作,开启轻松的财富之路?职场也有底层逻辑,本部分就来详细讲解。

第 10 章

三步跳槽法，
让你35岁在职场站稳脚跟

在现在这样一个瞬息万变的时代，职业规划还有意义吗？

当然有，不过你要做的不仅是职业规划，而是用这个契机去认真思考人生规划。

当下人们面对职业规划往往有两个极端：要么是用当下甚至是过时的产业认知，为刚毕业的学生制定事无巨细的职业规划；要么就是完全不相信什么职业规划，觉得行业瞬息万变，用"走一步看一步"的心态开始职场生涯，哪里赚钱就去哪，哪里薪资高就在哪里上班。

职业规划当然是有意义的，但它不应该是以静态目光看各个行业和职位，死板地在很年轻的时候规划出安稳、平静、一眼看得到头的生活，而是用动态的视角看待风险和变化，帮自己在职场早期建立抗风险、可迁移的工作能力，帮助每个人最大化自己的职业成就。

目光放长，做人生规划

笔者在大学刚毕业的时候也做过职业规划，非常认真，每一年要做什么、达到什么职位、薪资多少，笔者都认真做了功课。然而几年之后，发现自己根本就没有按照这个计划行进。计划中99%的内容根本没有用。

笔者在行业外，通过网络了解的信息根本不适用于笔者当时所在的公司，而且很快发现工作并没有自己想象的那么有创造性，工作中也无法为自己积累行业资源，与之前想象的完全不同。另外，只要你有工作经验就能发现，在真实的职场里，一个人的升职与个人能力有关，但同时也跟领导、时机相关。

所以毕业之初3～5年的职场晋升路径规划并不十分重要，因为变量太多，宏观经济、政策、公司经营发展，甚至某个特别喜欢你的领导或特别讨厌你的领导，都会影响你的升职。

那什么是有意义的1%呢？就是你在做职业规划时，对人生规划的思考。绝大多数人是依靠职业彰显自己的价值，所以职业规划要先拥有宏观视角，你需要不断地审视自己，认清自己，找到自己与世界最有效的链接途径。

你的终极目标是由最能驱动你的因素影响，它也决定了你是否能过上最理想的生活。

你在此时要思考的是，驱动你做一件事的到底是什么？即你的成就感来源于什么？

是创造让你骄傲的新事物，还是获得更高的社会地位和认可，抑或是收获更多的财富过上更好的生活？

这时候你可能会觉得，小孩子才做选择，成年人全都要。但每种驱动力对不同的人的效用是不同的，比如每个人都需要钱，有的人在年薪20万元以后，就觉得钱够用就行，不用太拼，希望每天下班能多跟家人朋友聚会；但有的人即便年薪2000万元，依旧拼命，每天从早上一睁眼就开始工作，直至深夜，就是希望住上一线城市核心地段总价上亿元的大别墅。

所以在考虑这个问题的时候，除了定性地分析问题，还要定量地分析，才能做出更适合自己的选择。

如果你喜欢创造新事物,你会有多喜欢?每天做、做30年还喜欢吗?

如果你想要更多的认可,你能接受这个过程中,会有不理解的人恶语中伤吗?

如果你喜欢财富,你能承受赚钱过程中的风险和压力吗?

当你深刻地剖析和认知自我以后,再来回答第二个问题:你的理想生活是什么样的?

思考这个问题的时候,可以把时间拉长,不仅考虑当下几年,而是考虑10年、20年以后。

你的理想生活是有一个朝九晚五的稳定工作就行,还是要干大事、赚大钱?你是想做职业经理人在大公司做到中高层,还是想做一个赚钱的小生意自己当老板?

确定理想生活是什么样后,可以把实现过程拆分成如下三段。

第一阶段是25~35岁,体力的巅峰时期,在职场中一般是执行层或中层。为了你的理想生活和终极目标,你愿意牺牲这段时间的休息时间,全情投入工作吗?

第二阶段是36~45岁,智力的巅峰时期。绝大多数人的财富和人生成就是在这个阶段积累出来的,同时这段时间也是成家和子女教育的重要时期,工作和生活所占用的时间,你愿意分配的比例分别是多少?

第三阶段是46~55岁,资源的巅峰时期。这段时间是决定人生高度和成就的时期。你前两个时期要做什么样的准备,才能保证这个时期有足够的资源累积呢?

以上三个问题是在做职业规划的时候,需要你来想的问题。你不一定非要马上得到一个确切答案,但是这几个问题会带你更宏观地看待自己的职业生涯,以及做好人生规划。

还是那句话,越是具体的规划越不重要,重要的是你对自我的认知,你对这些宏观问题的思考,才是有价值的。

这种宏观看待职业生涯的视角,还有一个好处,就是让你意识到人的职业生涯是很长的。当你已经把人生目标定为要做成一个伟大的公司,认为自己有做市值10亿元的公司老板的潜力和野心的时候,你在年轻的时候要做的就不是纠结是否要为多500元工资而跳槽,而是要积累更多的能力,让自己未来能驾驭更大的公司。

当你已经把人生目标定为要创造一件让自己骄傲的作品的时候,你在年轻的时候要做的就不是纠结是否要去某个饭局、巴结哪个领导、积累什么人脉资源,而是要更努力地钻研专业技术。

没有宏观视角的人,很容易在职场早期"动作变形"

只要稍微有一些社会经验,你一定遇到过那种虽然年轻,但是言必谈"资源"、自己认识谁谁谁、与哪个领导关系有多好、自己多有人脉资源等这样的人。这样的年轻人往往会被困于"人脉资源"。不要高估人脉的作用,没有实力支撑的关系,就是一盘散沙。

笔者有一个刚毕业的朋友,深夜发了一条非常长的朋友圈,感慨为什么自己已经这么努力了,找一个满意的工作还是如此困难。其实笔者刚毕业的时候也是如此,最向往的就是去腾讯做产品经理,当时笔者觉得那就是世间最好的工作了。但是其实用不了两三年,当自己的视野变大之后,就能意识到这个岗位的问题,并看到更多、更好、更适合自己的岗位。当能力和行业经验变多的时候,也会有资源来找你,其实笔者毕业后三四年,就有猎头打电话想挖笔者去腾讯做战略投资相关的工作,不过那时候笔者已经不再满足于做"大厂"的螺丝钉了。

真正在职场里始终不断努力提升自己实力的人是少数。很多人会逐渐把精力放到恋爱、结婚、家庭中,少数还想在职场拼一把的人,也可能被有毒的职场文化荼毒,把精力放到抱领导大腿、拉帮结派上。

工作5到10年，还愿意花精力、花时间提升自己基础能力的人凤毛麟角。这时候你再回头，会发现起跑线上那点差距，几乎可以忽略不计。

初入职场时，跑得太用力是跑不长久的，职场规划需要的是宏观视角，做至少30年的打算，把职业规划当人生规划，才真正对自己的职业生涯有帮助。

提高抗风险、可迁移能力的培养

有了规划以后，就要着手培养抗风险和可迁移的能力。

现在这个社会里，想赚大钱当然不容易，但是想让自己饿死也很难。在职业初期另外一个具有迷惑性、耽误个人成长的事情就是为了多赚点小钱，花大量时间做对未来没有帮助的事情，比如单纯出卖时间做重复性劳动，在不缺生活费的状态下，在赚小钱上花掉宝贵精力。

笔者更建议把这个时间和精力放到培养抗风险和可迁移的能力上。

为什么非要是"可迁移"的能力呢？因为你现在的工资不一定代表你的能力，人才市场的定价是受供需双方的影响的。比如，在行业发展如火如荼的时候，各大公司资金充足，对人才的需求多，愿意开出较高的薪资。但这并不意味着这是可持续的。

拥有你带得走的技能，拥有你离开这家公司依旧能为市场带来价值的技能，是很重要的。以下是笔者总结的五大可迁移技能，以及用闲暇时间培养它们的方法。

第一，互联网运营能力。无论你在哪个行业，互联网拓客都是极其有用的技能。如果你的工作与互联网相关性不大，你可以从自己运营一个自媒体账号开始，找一个你最常用的平台，定时发布自己最擅长的内容，可以是爱宠，可以是乐器技能，也可以是厨艺。在发布的过程中，你可以获得及时的数据反馈，做得好还能拥有第二份收入。

第二，销售能力。销售能力不仅仅指口才，还包括了解产品定位、销售渠道、定价等多方面信息的能力。普通上班族培养销售能力最好的方式，就是在二手交易网站上卖闲置物品,把家里不用的旧东西变成钱,这个过程会倒逼你去了解什么样的产品最畅销,定价方式应该是怎样的,怎么拍照怎么写介绍能吸引买家,怎么筛选出优质买家高效达成交易。

第三,审美能力。前文提过,很多事情到最后拼的就是审美能力,因为技术的门槛并不高。普通人可以掌握的三个常用软件是Photoshop(修图)、Premiere(视频剪辑)和PowerPoint(幻灯片)。这三个软件使用起来都不难,网上很容易找到免费教程。在学会了基础软件操作之后,多看优质内容,提升审美能力,对很多工作都有帮助。

第四,理财能力。这个能力考验的是你对资本市场的了解程度,你可以拿少量、不影响生活的钱来做投资,投资的过程可以倒逼你主动学习各种理财产品的特性,并且主动关心财经新闻。

第五,管理能力。管理不仅仅是当领导让下属干活,它其实是招聘、向上管理、薪酬制定、绩效管理等多种技能的综合体。普通上班族如果想培养这方面的能力,可以考虑在一些非营利组织做志愿者,带领一个小队,或者举办一些小型的活动。这个过程中就会涉及人员管理,可以帮你提前适应管理岗,提升管理能力。

35岁之前跳槽指南

前面小节所述是职业规划中比较宏观的层面,接下来笔者会结合自己的经历来详细拆解,35岁之前,如何确定自己的人生目标和理想的生活状态,并且一步步接近这个目标。

笔者在比较早的时候,就明确了自己理想的生活状态,知道自己是一个主观能动性很强,很不喜欢墨守成规、听别人指令做事的人。所以,创办一个让自己骄傲的企业是我的人生目标。但刚毕业的大学生既没有能力,也不懂行业,即便是有什么百年难遇的机遇也抓不住,所以笔者选择先到职场历练。

第一步,毕业后尽量去一个细分领域行业第一的公司,做核心岗位,拿到大公司背书加上良好的职业培训，坚持3~5年。笔者选择了投资咨询领域绝对的行业第一，虽然公司规模不大，只有100人出头，却是迄今为止笔者已知高考状元密度最大的公司，清北本科员工更是不计其数。不过这家公司工作时长极长，每天都是半夜回家。在这家公司工作的成长曲线极其陡峭，我的金融分析能力、基础职业技能都是在这里培养出来的。

第二步，去行业腰部公司，并掌握核心资源。笔者随后跳槽到了一家风险投资基金，直接对外负责项目投资工作，所有的行业人脉和项目资源都是由本人直接对接，而不是像之前仅在办公室做执行性工作，因此可以接触到更多的行业一手信息。

第三步，在35岁前，掌握一个离开公司依旧可以养活自己的能力，可以是你的专业能力，也可以是能跟你走的客户，还可以是自媒体上的粉丝。创业赚钱，一定要在自己的行业内成为专家，甚至是带着钱带着项目再开始。

第 章

抓住风口，
什么样的行业是好行业？

"站在风口上，猪都能飞起来"。这是小米创始人雷军提出的著名的"飞猪理论"，他在移动互联网发展得如火如荼的2013年提出的这个理论，被后续创业者和投资人奉为圭臬。

风口意味着更多的热钱涌入，更快的发展速度，以及对普通人更重要的更高薪资和更多投资机会。其实以上这一切都可以总结成，风口行业有更多的资源和更快速的正反馈。

同样的大学毕业，同样起薪7000元，同样的努力，5年后两个人的工资一个5万，一个1万，区别可能就是行业选择的不同。

同样的一笔钱，一个定投银行板块，一个定投新能源汽车，结果一个没怎么变化，另一个一年翻20倍。区别就是板块选择的不同。

这一章我们站在投资的角度，用风险投资基金的方法来帮助普通人找到好的行业,判断自己所在的行业是不是风口,以及离自己最近的风口在哪里。

风口行业风向标

首先,风口行业是有风向标的,并不需要每一个普通人都去做大量一手调研,抓住几个核心问题就能对市场做一个粗略的判断了。

风口行业风向标一:风险投资基金在投什么

第一个风向标,是去看风险投资基金在投什么。虽然每一条投融资信息都很零碎,但是每一个投融资新闻背后都是在用真金白银投票,都是有无数分析师的调研支持的。

风险投资机构的投资经理作为一线投资人,每天都会接触大量行业中头部公司的管理层,他们的信息至少领先大众媒体7个月。每个蓬勃发展的行业都是经历了先在风投机构处路演、拿到投资,再扩大规模、做广告投放。所以一个通用规律就是,哪个行业在当下密集进行早期融资,哪个行业就会在未来1~3年内腾飞。

那么非风险投资从业者怎么了解投资人在投什么行业呢?笔者不建议只看新闻,而是看一些统计出来的各个赛道近期融资的数量和总金额。只看几条新闻数据量太少,不具有统计学意义,要看趋势变化才有意义。

可以主要看这几个关键信息:

第一,每个行业获得的总投资额变化情况,有异动才值得关注,如果某个行业突然在短时间内获得大量投资,说明该行业有机会。

第二,该行业获得早期投资和中后期投资的数量变化,如果前几年主要是早期投资比较多,近期发现中后期投资比较多,说明该行业已经慢慢成熟。

风口行业风向标二:券商的研究报告

券商机构为了吸引更多的客户使用他们的服务,会显示自己的专业度,从而成立研究部，专门研究上市公司及热门行业的发展情况，以及给出投资建议。各家券商研究部每天会产出数以百计的研究报告，这些都可以帮我们快速看明白一个行业是怎么运转的、有哪些机会。

这种券商发布的研究报告大概分以下四种类型，我们着重看前两种就行了。

第一种是行业大报告，一般在30页以上，会从上下游、竞争关系、市场容量等各个维度深度分析整个行业，这种是最有价值的研究报告。

第二种是公司深度分析报告，每个券商第一次分析一个公司的时候都会推出一份，也是在30页以上，会对某家公司各条业务线和竞争对手的情况做深度分析，比较有价值，这种研究报告可以帮我们快速通过一家公司来看懂其所在的行业。

第三种是行业新闻整合类的研究报告，会对这个行业每周或每个月的新消息新动向进行整理。除非长期跟踪这个行业，否则这种研究报告会比较像新闻整合，对普通人帮助不大。

第四种是公司股价追踪报告，一般每个券商每个季度会发布一次，用来调整自己对这个公司的投资方向的判断，只会更新之前报告没有覆盖过的新动向，一般都比较短，20页以下。除非是长期跟踪某个公司，否则对普通人来说，信息量较少。

风口行业三大特征

判断风口行业并不应该人云亦云，上文中介绍的两个风向标更像是帮助我们缩小范围，把风口行业是什么这个填空题变成选择题。而我们做判断的时候，还要明确风口行业的三大特征。了解下面这三大特征，往往就能顺藤摸瓜，确定风口行业。

风口行业第一特征：新技术

近200年，带来最多财富的行业无一不是受到了新技术的利好。蒸汽机的发明,开启了整个蒸汽时代,一众新产品诞生,第一届世界博览会在英国召开。世博会也因此成为展示人类最新科技成果的盛会。

之后,电的大规模应用带来了第二次工业革命,开启了电气时代,一批巨头崛起,如美国的通用电气、法国的施耐德、德国的西门子等。

第三次科技革命以电子计算机等发明为主要标志,诞生了很多我们现在耳熟能详的公司:英特尔、苹果、微软等。

近年来,中国千亿级别大公司的崛起,也都是因为技术更迭。14亿国人从零开始阔步跨入互联网时代,造就了新浪、腾讯、百度、阿里;近年来,大批百亿美金的公司借助了移动互联网的春风,如美团、小米、快手、字节跳动、滴滴等。

那我们接下来还有哪些新技术能带来革命吗,很遗憾,"人类并非每天都在发明电话",伟大的发明需要物理、化学等基础理论的发展。

在下一个爆发性革命到来之前,我们能利用的更多是微创新,比如人工智能、5G技术在一些传统行业的应用:人工智能+医疗,人工智能+电话客服,5G技术+医疗等。

在新技术还没有渗透到的传统行业里,往往还有一些新机会有待发掘。

风口行业第二特征:新渠道

技术的发展并非人为可控,但我们还可以考虑第二个特征:新渠道。

之前已经在售卖的产品,如果找到一个链路更短、效率更高的渠道,也会焕发新的机遇,比如抖音、淘宝、拼多多、快手这些平台,都诞生了对应的新电商机遇。淘宝让网购成为流行,拼多多让电商下沉到乡镇,快手和抖音让直播带货火了起来。

这些都是新渠道带来的新风口,它们不仅是触达消费者的平台,每个机遇背后都是对供应链的重构。淘宝网购,让小店家可以触达全国的消费者,而非局限于方圆几公里,提升了销售效率;拼多多平台取消了淘宝复杂的站内广告体系,让商家的获客成本更低,所以可以进一步压低商品售价。

每一个日活跃用户超过5000万的平台都会诞生很多服务于它的小公司，大平台赚钱的逻辑是先"烧钱"，做到垄断后再盈利；而上面说的小公司往往是生意逻辑，以较少的投资也可以赚到利润。

现在创业做这些大平台是很不切实际的事情，但是大平台永远需要内容，永远需要服务商帮它服务好平台的商家客户，这些都是机会。

风口行业第三特征：新模式

没有新技术，没有新渠道，也可以有创新风口，那就是创造一个新模式。

只要这个新模式可以改变过往的商业模式，缩短之前的交易路径，它就有价值。共享充电宝、共享单车就是新模式的代表。

充电宝、单车都不是新产品了，2020年前就有投币解锁的景区自行车租赁业务，为什么共享经济还能成为风口？就是因为有新的模式创新。

从固定桩到非固定，这就扩大了租赁自行车的使用场景；从只能在景区骑到全市都可以使用，市场规模自然成倍增长。

充电宝租赁这个模式并不新颖，但是共享模式解决了商家的问题。过去，商家需要准备好多充电线、充电口，这些硬件还很容易丢，属于硬成本。而共享充电宝新模式，让这个成本项变成了收入项，商家可以从租赁费用中抽成。这样的新模式对商家有利，同时能解决用户问题，所以就是好模式、新风口。

风口行业的标准

很多具备以上三个特征的赛道也不一定在当下就立即成为风口，要成为风口还需要具备另外两个特征：市场潜在规模大、高增速。

市场潜在规模大

要吸引优秀人才、顶级资本的前提是这个行业要有足够的规模。一个行业从百万级跃升到亿万级，和另一个行业从亿万级跃升到百万亿级，看起来都是翻了100倍，但是它们的想象力和对资本的吸引力是完全不同的。

从投资的视角来看，万亿级别的市场，能诞生千亿级别市值的公司，比如外卖领域诞生了巨头美团；千亿级别的市场，能诞生百亿级别市值的公司，比如招聘领域的BOSS直聘；百亿级别的市场，能诞生十亿级别市值的公司，比如一些细分的企业服务软件公司。如果市场只有几亿，那很难诞生上市公司，只能作为一个生意来做。

从市场规模这个角度来看，我们怎么样能快速找到好的风口呢？答案是在已经被证明的大市场里面，找到一些代替品。

比如医疗器械领域的国产替代。之前，三甲医院用的CT机、核磁共振设备、心脏支架，主要用的是进口产品，国产产品技术不达标，这个市场规模已经是确定的，是百亿级别。而目前我国相关技术快速发展，可以拿下原来被进口设备占领的市场份额，那么我们就可以说医疗器械的国产替代，是一个有较大市场规模的潜在风口。

在消费品领域，我们原来是喝传统速溶咖啡的，但是这种制作方式会损失很多咖啡的风味，而一些新的咖啡品牌将冻干技术运用到咖啡上，保留了咖啡更多的风味，还能卖更高的价格。以三顿半为首的冻干咖啡品牌，迎来了一波增长。

再比如在速食食品领域，原来我们吃的方便面是几块钱的油炸面，品质不好，肉很少，给人不健康的感觉。以拉面说为首的新速食品牌则把油炸面替换成更健康的拉面，加多肉量，使它从传统方便面市场拓展出一片自己的天地。

高增速

既然叫"风口"，另一个标志就是市场增速非常快。快的标准是什么？至少是每年30%以上的增长。按照这个标准，行业是否到了一个变革的关键节点,是判断某行业是不是风口很重要的标准。

还是拿速食食品来举例,早两年这个行业行不行?不行,因为那时候外卖补贴大战还在持续,一份做好的外卖,最便宜10块钱就能吃到,谁会花20块钱买一个半成品速食自己加工?而近期外卖补贴随着"千团大战"的结束而偃旗息鼓,外卖恢复客单价30元左右。在这个时候,20元的速食食品就有市场了。原来那些被外卖影响而不爱做饭的年轻人,一方面觉得30元一餐太贵,一方面觉得传统方便面不好吃,就会快速转向这类速食产品。

很多人会把寻找风口当成一种投机行为,觉得撞上风口的人要么是运气好,"瞎猫撞上死老鼠",要么就觉得抓住风口的人都是投机主义者。其实真的不必如此极端。

真正能抓住风口的人一定是在领域里深耕多年的。一万小时定律,在任何行业都适用。

看了这一章的内容后,获益的一定不是投机主义者,风停了不会飞的猪还是会摔下来。

这一章能帮到你的,是告诉你,当你有多个行业通用能力的时候如何做选择。

有同样销售、运营、管理能力的人,在不同行业发展,10年后薪资差距,就是靠行业选择拉开的。

雷军在说出"飞猪理论"的几年后,在微博上重新解释了这个理论,他提到了《孙子兵法·兵势篇》中"故善战人之势,如转圆石于千仞之山者,势也"这一句话。这句话的意思是,善于指挥打仗的人所造就的势,就像让圆石从极高的山峰上滚下来,来势凶猛。

做人、做事、投资也是一样的道理,不要再拼命推石头上山,而应找到一个对的斜坡,只需要轻轻一推,石头就能自己滚下来,事半功倍。

第 章

从经营角度看，
什么是好公司？

从路演PPT上看，每个公司似乎都镶着金边，马上能飞黄腾达；但，当你深入了解，就能发现其中存在很多问题，甚至是千疮百孔。

单独看任何一面，对这个公司的判断都是不准确、不客观的。那好公司的标准到底是什么？普通人应该用怎样的方法在就业时快速发现好公司？怎样在投资时找到能赚钱的好公司？

创业就业时的好公司逻辑：抓住行业核心

找工作或创业时，我们想去一家好公司或创造一家好公司，这背后的核心逻辑是希望公司的成长是快于我们自身成长速度的，这样我们的期权、股权可以快速增值，获得比正常工作的薪资更高的收益。

在过去20年的互联网行业中，很多人就是这样，在很年轻的时候，实现了财富自由：早期加入还在创业时期的互联网企业，获得期权；公司上市后，不仅因为是老员工而升职加薪的速度快于同龄人，同时也能获得一笔价值不菲的股票，可谓是名利双收。

当然这是幸运的版本，也有不幸的版本，比如进入的是OFO、乐视、锤子手机这样的公司，进入难度一点都不小，工作压力一点都不低，但是公司经营不善，股票变成了废纸，职业发展也受到很大影响。

如果你也希望自己能进入一个好公司，收获除薪资以外的其他收入，那么就需要锻炼出一双"火眼金睛"。但是作为员工，我们在一家公司工作的时候，经常会局限于一些细节，某个好领导或坏领导就会极大地影响我们对一家公司的看法；而且由于分工不同，我们在工作中往往过于关注自己的"一亩三分地"，并不能站在宏观视角判断公司的运营情况，所以经常对公司是否为"好公司"有错误的判断。

那顶级的风险投资机构中的投资人是如何判断一家公司是不是好公司的呢？如何才能从"噪音"中区分出真正重要的信息并及时找到好公司？我们可以主要看以下5个重要的数据点。

第一，高增长是好公司必备的要素。这里的高增长，不是指公司有多少员工，员工越多成本越高，有时反而会影响利润，而是要看营收的增长。一般，一家要融资上市的初创企业，每年的营收增长不会低于50%；明星企业高速发展时期，每年的营收增速是高于100%的。这个数据如何计算呢？

$$营收增长率 = (今年收入 - 去年收入) / 去年收入 \times 100\%$$

比如，如果公司去年营收是1000万元，那么今年需要做到1500万元的营收，才能算公司在高速发展。当然这个具体指标还是要看行业整体发展情况，公司要明显领先于行业的整体增速，才能叫好公司。

第二，高毛利率是好公司的特征之一。不断增长的毛利率也能代表公司的竞争力正在增强。要计算毛利率，首先我们要搞明白什么是毛利润，很多人会混淆毛利润和净利润。

$$毛利润 = 营收 - 销货成本（销货成本包括销售提成、原材料成本等）$$
$$净利润 = 营收 - 所有的成本（净利润是公司收入减去所有的成本后剩下的利润）$$

毛利率＝毛利润/总营收

请记住，毛利润一定是低于营收、高于净利润的，毛利率在正常情况下，一定是小于100%的。一个公司净利润为零一点问题都没有，京东、美团从成立那一天起，很多年都根本没有净利润，每年都会亏几十亿元，这是公司的策略问题，是牺牲企业利润换取更大的市场。

但是毛利润跟净利润不同，毛利润是衡量单个产品的盈利能力，也可以用来衡量公司的竞争力，一般情况下越是有品牌力，越是有技术门槛，越是行业龙头，毛利率就越高，越不需要牺牲利润来抢占市场。比如同样是手机行业，苹果的毛利率约38%，也就是说卖一台5000元的苹果手机，原材料、生产和销售等成本加起来是3100元，苹果公司可以赚到1900元的利润。而小米的毛利率只有约10%，也就是说，卖5000元的小米手机，原材料、生产和销售等成本加起来是4500元，小米公司可以赚到500元。

很明显，苹果公司的赚钱效率更高。而不同品类的产品毛利率不同，一般美妆护肤品的毛利率相对比较高，为60%～70%甚至更高，而电子产品的毛利率在30%以下。

可以衡量一下你所在公司的毛利率与同行业比，是更高还是更低。

第三，**用户获取成本越低越好**。用户获取成本，顾名思义，就是企业获得一个新的用户，平均需要花多少钱。

用户获取成本＝营销总花费/新增用户数量

这个成本越低越好，很多公司的成功也是因为发现了某个用户获取成本极低的渠道。比如完美日记，早期的起盘速度很快，其中一个原因就是发现了小红书博主种草这个渠道，大量让中小博主发帖宣传完美日记的化妆品，用很低的成本大量获取了很多早期消费者。

第四，**单个用户付费金额越高越好**。这个很好理解，如果花了大价钱获取用户，但是单个用户付费金额很低，说明这就是赔本买卖。单个用户付费越高，公司的营收越高。

第五，复购率越高，产品的黏性越高，越能证明这是一个好公司。如何衡量这是一个"割韭菜"的公司，还是一个能做长久的公司呢？其中一个很重要的指标就是复购率，复购率体现了消费者或公司客户是否会一而再再而三地购买这个公司的产品。如果复购率高，就说明公司即便是花了很高的用户获取成本，但这个用户只要购买了这个公司的产品，就有很大概率成为"回头客"。

以上5个数据都是非常重要的衡量指标，但使用的时候可以灵活一些，并不一定某一条不符合，就下结论说这家公司是不好的公司，需要有一个比较综合的判断。但是勾勒出这几个维度后，大家在判断一家公司好坏的时候可以有一定的标准，避免"一叶障目，不见泰山"。

那是否有可以一锤定音，更加直观地预测公司是否能成为行业龙头的标准呢？有的，不过这个标准需要你对行业有更加深入的思考，有独到的判断，对普通人来讲稍微有点难度，但是非常值得学习。

这个判断方法就是，看公司是否抓住了行业的核心。

我们通过3个例子来看，如何找到行业的核心，以及什么样的公司算是抓住了行业核心。

案例1：京东与现金流的故事

第一个例子是京东，这家公司用传统视角来看太奇怪了，从创立到上市，再到当下，绝大多数的时间都处于巨额亏损状态（净利润为负），一直是靠融资来维持运营，那为什么一众投资人还要投资这个"赔钱货"，且京东的股价也并没有因为不盈利而大跌？京东是靠什么赚钱的呢？

京东的秘密就是巨额现金流。虽然在会计表格中，计算出来的公司净利润为负，但是这并不意味着这家公司没有钱，相反，因为它自营电商账期的特性，导致京东账上有大量的自由现金流。

当京东从上游供货商处采购了货物，由于京东是一个大客户，上游供货商一般会先给京东发货，允许京东晚一些时间给货款，这段时间就叫"账期"。一般是客户越重要，账期越长，京东上游供货商给京东的账期一般是60天。而京东的卖货效率是怎样的呢？京东可以在拿到货后20天左右就卖出去。消费者在京东上买东西可是需要一手交钱一手交货的，所以这样一来一回，京东就有40天时间，已经收到了消费者的货款，但还不需要把钱给上游供货商。

这就是京东与淘宝最大的不同，淘宝主要是平台模式，赚的是平台抽佣（销售额的3%~15%），而京东主要是自营电商，所有的款项都要走京东的账，所以京东可以拥有更大的现金流，并通过现金流来赚钱。

而京东这个生意妙就妙在京东的规模越大，其对上游供货商的话语权越大，上游供货商给它的账期就越长；消费者对它的认可度越高，它就能越快地把货卖出去；交易的体量越大，暂时停留在京东账上的现金流就越大。只要京东的生意继续做下去，这个现金流就越滚越大。

京东可以用这笔钱做金融来赚钱，这也是京东在做电商一段时间后，开始做京东金融（后改名京东数科）的原因。

案例2：广告代理公司与垫资

在各大平台上我们看到的广告背后，其实有一个广告代理的产业链，因为平台方没有办法直接对接大量的广告商,所以一般会把广告位卖给一级广告代理商,代理商把广告加价卖给需要打广告的客户。听起来这个生意很容易,左手对接平台,右手是有打广告需求的广告商,做个中间商赚差价就行了,好像谁都可以做。但是为什么市场上只有少数人能做这个生意,能赚到钱?这个生意的核心是什么呢?

一级广告代理商的核心秘密,是垫资能力。

平台在销售广告位的时候一般都希望代理商或广告商立即付钱,不会给太长的账期。但是想在平台上打广告的广告商一般是需要在打了广告后,过一段时间再付钱。平台之所以允许有中间商赚差价,就是因为平台不愿意承担这个账期,也不愿意一个一个地跟广告商谈价格,这需要花费他们大量的人力成本。

所以对于一个一级广告代理商来说,给平台的钱必须立刻交,下游的钱需要等30~90天才能收回,这中间的时间就需要这个代理商用自己的钱来垫付。

而一级广告代理商一定是从平台上一次性采购的广告位越多,价格越便宜的,相对应的,一级广告代理商能赚到的钱也越多。所以这个生意就成了谁的垫资越多,就能用更低的价格买到广告位,然后向广告商销售广告位的时候也可以适当降价,这样这个代理商的竞争力会进一步提升,变成一个正向循环。

广告行业是一个拼创意的行业,但对于广告代理商来说,垫资能力才是最核心的秘密。

案例3:零售业与库存周转率

为什么在进价相同的情况下,同一种产品,超市愿意卖得比便利店更便宜呢?甚至有的时候,宁愿稍微赔一点钱也要快速把产品卖出去?你有想过超市赚钱的核心逻辑吗?

超市,或说几乎所有的零售业的赚钱核心都在一个被大众忽视的数字上,那就是库存周转率。

假设同一个地方有一家超市和一家便利店，便利店进100元的货，卖150元，花了半年才卖出去，但是一笔就能赚50%，看起来非常不错。

但旁边超市进100元的货，卖110元，因为低价吸引了非常多的消费者来，所以只花了一周就卖出去了；然后第二周又进了100元的货，又是一周就卖出去了。超市就反复周转，半年周转了26次，虽然每次销售的利润只有10%，但是因为周转的次数很多，所以这半年超市赚了260元，远超便利店。

这就是为什么很多时候，零售业会存在卖得更便宜但赚的利润更多的情况。

以上提到的3个例子，都需要对行业有比较深入的理解才能总结出来其行业核心。这种深度的行业理解对于判断一家公司是不是好公司至关重要，而且往往很多时候是一锤定音的。

很多时候，我们喜欢说"选择比努力更重要"，选择是建立在对行业、对公司的深入理解和独立思考之上的。做出判断是不容易的事情，但是分析的过程、理解行业的过程一定会在职业旅程中给予你意想不到的帮助。

第 章

发掘你的天赋，
轻松开启财富之路

99%的人对于"天赋"的理解是有偏差的。

当前的教育系统和社会人才选择体系，对于天赋本身也是忽视的。

但在目前的社会竞争中，是否发掘了天赋，将成为影响一个人职场竞争力、薪资、职业天花板的重要因素。

到底什么是天赋？怎么判断自己在哪里有天赋？天赋怎么样能帮你在职场中获利？如果你真的理解了这一章的内容，很有可能你的人生轨迹都会因此发生转变。

为什么天赋在这个时代更重要了？

在过去几十年里，我们最常听到的造富关键词是"好好学习，努力工作"；在改革开放以后，尤其是20世纪90年代"下海潮"以后，我们最常听到的造富关键词是"抓住机遇，选择大于努力"。但是在2020年以后，产业转型时期，我们似乎不太能听到造富神话了，取而代之的一个词是"内卷"。

内卷是什么意思呢？它是存量竞争下，对性价比的极致追求。

具体怎么理解呢？存量是与增量相对的概念，如果说之前是大家想着如何把饼做大，都能吃饱，存量竞争时期就是只有一个确定大小的饼，大家分着吃。

为什么感觉之前好赚钱？因为在经济快速发展时期，最重要的就是速度，这个时期投资方愿意提高估值投资，公司愿意开高价招人，但是当宏观增速放缓的时候，还想要提升公司利润，就要降本增效，也就是提升性价比。这就是为什么作为一个普通人，我们感受到各行各业都变得更"卷"了。

但是偏偏就是有一些"卷王"，考研的时候他们要么没日没夜地学习，考得分特别高；工作的时候，有些人就是能比其他人更抗压、更精力充沛，每天时间表排满，还能抽空健身。很多时候我们总以为这样的人比其他人更自律、更努力、更拼、更容易成功，但这种论断其实是忽视了个体差异。

但凡你跟这些"卷王"稍微熟悉一点，你会发现其实他们并非是在"压榨自己"，世界上就是有一些人，觉得解题特别有意思，比如谷爱凌在滑雪比赛中途会抽空做几道物理题，没有人要求她。她的解释也很简单：她觉得解物理题特别有意思，她很享受解物理题的过程。

再比如学生时代，就是有一些人没上补习班，平时也没有特别努力，但某一科就是考得特别好。笔者一直记得中学时代时，自己学习真的非常努力了，语数外物化，都很认真地做作业、补习，有一年期末考试，除了数学外的每一科都是第一，但是那一年数学就是特别难，只有一个人考了148分，其他人都在130分以下，就这样一科领先，他变成全班第一了。

这个同学平时真的不是特别努力学习的类型，也不是会人前装着不学习、背后偷偷补习的人，但他就是对数字特别敏感，空间想象力特别好。

再比如一些精力特别旺盛的人，别人聚会结束到家都半夜了，疲惫不堪，洗洗睡了；但是有些人觉得浑身都是用不完的精力，聚会结束以后还能再处理一些工作，思考一下明天的安排。这些人真的不是在压抑自我，就是精力太多没处用。

一些顶级的企业家就是这样,天生觉少,人家不是要内卷,要拼命,纯粹就是丰沛精力的外溢。

当各行各业陷入存量竞争,开启追求性价比的时代之后,这些主动的因为天赋而不断精进、长期高效工作的人,往往会取得比较大的竞争优势。因此,发现你的天赋在哪里,做你有天赋的事情,会让你实现"弯道超车"。

到底什么是天赋?

在笔者看来,天赋总共分两种,第一种叫传统天赋,第二种叫心流天赋。

传统天赋就是我们普通人理解的,物理功能上,有些人比其他人更强,比如肌肉更发达跑得更快,跟腱更发达跳得更高。

甚至在音乐上也有一些人有"物理外挂",例如,想要成为好的混音师,需要一个人的听力特别好,能听到很多声音细节,甚至有些混音师可以听到普通人听不到的频率。正常成年人可以听到的频率范围是20~20000Hz,儿童往往可以听到频率更高的声音,而随着年纪的增长,人耳听高频声音的能力是逐步衰退的。好的混音师就是能听到更多的频率段,这样他听到的细节就比普通人更多,做出来的音乐就比别人更好。

以上提到的这些都属于传统天赋，属于普通人有就有，没有就没有，后天很难提升。但是其实真正用得上这类天赋的行业和岗位屈指可数，要做到行业前10%也不都需要这种"物理外挂"，反而是第二种心流天赋，对于普通人的帮助更大。

心流天赋是指你做一件事比其他人更容易进入心流状态，就是全神贯注，享受做这件事的每一分每一秒，甚至由于特别投入，已经忘记了时间的流逝。因为你享受做这件事本身，所以你会比其他人更愿意在做这件事上花时间。

为什么这都能叫"天赋"呢？因为你不需要马上比其他人做得更好，只需要比其他人更愿意花时间精进这件事，在漫长的人生之中，时间会帮你超越其他人。

拿笔者自己的经历举个例子吧。笔者为什么现在在写书？就是因为我喜欢"创造"这个过程，写作这件事本身让笔者很快乐，都不需要它有什么结果。而事实上，对一件事花越多心思、越多时间，这件事就会越做越好，自然就有好的结果。笔者写作的起点就是毛遂自荐去杂志社做不要工资的实习生，当时笔者甚至都不是新闻专业，也没有相关的工作经历，但笔者就是敢拿着自己写的文章，主动陌拜杂志社的人事负责人。

从这样一份没有工资的实习，笔者得到多少机会呢？这家杂志的主编看我的文笔不错又喜欢音乐剧，就给了笔者一个专栏做音乐剧推荐；杂志社的编辑还推荐笔者去凤凰卫视实习，当时正好赶上中国外长访英、公安部部长访英，这样的重要新闻事件都是笔者跟随拍摄、采访的，笔者的采访经历因此变得很丰富；再后来澎湃、新京报也找笔者做伦敦特约撰稿人，甚至像 *Vogue*、《时装 L'OFFICIEL》这样的时尚杂志也来找笔者做特约撰稿人，负责写生活方式类的内容；就连笔者第一次创业时的第一个项目，也是实习时的小伙伴推荐的，她后来去了知

名的某新闻客户端，需要内容服务商，于是找到了笔者，笔者也开始了创业的旅程……

笔者在这个行业深耕，慢慢有所成就是因为有什么天赋吗？笔者知道自己没有，现在看来，最开始拿给杂志社人事负责人的那几篇文章写得乱七八糟，而且比起那些每天动辄可以写1万字的高产作家，笔者写文章也算不上快。

但是当你足够喜欢一件事，这件事本身可以给你带来快乐，不管生活多困难，做这件事的时候，感觉自己好像活起来了，浑身充满生命力，你就有足够的动力坚持下去。坚持这件事，本身就足够稀缺、足够有价值了。

怎么找到自己的天赋？

经常会有人说自己没有天赋，但实际上，每个人都有天赋，只是绝大多数人都困于琐碎的生活，没有认真发掘过。这里分享三个找到天赋的方法。

第一，一定要多去尝试，不要等着天赋去找你，而是你主动去找天赋。

我们都曾感叹于谷爱凌在滑雪上的天赋能让她在冬奥会摘得两金一银，但她一定是这个领域里世界上最有天赋的人吗？真的不一定。很有可能世界上最有滑雪天赋的，是赤道几内亚一个贫困的家庭妇女，但是别说滑雪了，她一辈子都没有机会接触到雪，她根本就不知道自己有这个天赋；滑雪作为一项高花费运动，即便是她知道了自己的天赋，可能也没有能力维系常年的训练。

很多人说自己没有天赋，很大可能就是你每天做的都是别人让你做的事情，上学的时候被逼着学习，工作的时候按部就班做事，没有什么是主动探索、由热爱驱动而自发去做的事情。这时你要做的第一步就是多去尝试，找一找那种即便并不能帮你赚钱，而且要花很多精力，别人都不能坚持，但你乐在其中的事情。

多去尝试是找到并发掘天赋非常重要的一步。如果说天赋是那个"1"，尝试和努力就是往后面加"0"。

第二，天赋往往藏在缺点里。

世俗意义上的"缺点"是什么？是你偏离主流、偏离平均值、偏离"主流想让你成为的样子"，但是这种偏离如果换一个情景，可能就能发挥巨大的作用。在主流思想一遍一遍的规训下，都无法磨灭的特点，很有可能就是你的天赋所在。

比如，一个爱接老师的话、爱编段子吐槽老师、爱模仿班主任的口头禅的学生，在学校里绝对是"刺头"一般的存在，是老师口中的坏孩子，是绝对的缺点；但是把这个快速的反应能力和幽默创作能力放到脱口秀里面，就是很优秀的编剧了。在这个时代，把脱口秀讲好，把搞笑视频拍好，所获得的成就并不一定比那些所谓的"听话好学生"低。

再比如，笔者的一个前同事情绪非常不稳定，爱激动，有时又经常心情低落，这在需要情绪稳定的职场中是很大的缺点。但是慢慢接触下来会发现，其实他是一个非常敏感的人，对万事万物的感受比其他人要更丰富，在别人眼里平平无奇的一个场景，在他看来就有无数的细节，有无数值得记录的角度，他能想象到很多的故事场景。后来他离开了金融行业，去重新考了研究生，做了一个导演。他的作品充满故事感，场景也非常唯美，他强大的共情能力，让他的作品生机勃勃，十分感人。在金融行业里的缺点，反而是艺术领域里非常需要的优点。

艺术行业，不敏感的人就像是没有天赋的匠人，情绪起伏小的演员，永远都没有办法演出大开大合的情绪波动，也无法带动观众的情绪。所以换一个更合适的行业，可能是破局的关键。

世界上没有只有一面的硬币，任何缺点都可能有其有价值的一面。你要做的是找到你的缺点，然后发掘它有价值的那一面。

第三，天赋藏在"轻而易举"里。

你可以找到3~5个跟你关系最亲密的朋友或家人，加上你自己，列举3~5个你最擅长的事情，就是那种别人很费力，但是你能轻而易举做到的事情，大到做音乐、写文章，小到收拾屋子、整理书籍。然后你再去观察和提炼这些事情的共同点，就可以发现你的"天赋"。

找其他人来列举优点的时候，会发现一些你自己都没有意识到的特点。比如笔者是一个上台说话不紧张的人，但笔者一直没有意识到这是一个多么大的事情，因为笔者默认这件事就应该如此，如果不是有一个朋友有次感慨，笔者都没有意识到原来单单上台说话不紧张，就是一个很大的"天赋"了。笔者后来的职业选择，也着重在语言表达方面。

再比如，笔者的一个大学室友，她虽然是学药学专业的，但是笔者和周围的朋友在心情失落、焦虑迷茫、遇到情感问题的时候，都特别喜欢找她聊天，跟她聊完后会觉得心情舒畅，还能获得一些很有效的建议。这个朋友自己从来没把这件事当成什么不得了的大事，觉得无非就是朋友之间互相疏导而已。她虽然没有学过心理学，但是给建议和疏导的方式很科学。比起药剂师，她真的可以成为一个很好的心理咨询师。她综合了大家给她的反馈，以及自己的兴趣，研究生选择了心理学方向，现在慢慢走上了做心理咨询师的道路。

很多你觉得理所应当的，可能就是别人费尽心力也做不到的，那就是你的隐藏天赋。

不能帮你赚钱的天赋还有价值吗？

以上讲了天赋的重要性、如何寻找天赋，但是还有一个非常现实的问题，就是你花了很多精力发现了天赋，但是这个天赋并不能给你带来经济价值，那么不能帮你赚钱的天赋，还有价值吗？

如果你是一个记忆力很好的人，在古代，你可能是翰林院的翰林学士，是皇上的左膀右臂，但是现在你的大脑内存肯定比不上一个100块钱的U盘。

或者，即便你有天赋，但是你没有那么多钱花在培训上，或者你的天赋并不足以让你进入某一行业的第一梯队，这时候天赋还有价值吗？

笔者觉得依旧有，天赋能让你感受到自己是活着的，活着本身是充满乐趣的，这个天赋的存在可以让你知道你的独特性，你因为这个天赋而与众不同。

无论这个天赋有多小，它都是有价值的。

我们小时候都听过龟兔赛跑的故事，但今天笔者想用另外一个视角来看这个寓言。对比乌龟，兔子就是那个传统意义上更有天赋的动物，它天生就可以比乌龟跑得快。

原本这个寓言解释乌龟最后获胜是因为坚持，但是从现实视角来看，我们都知道这根本不可能。

那有没有一种可能，就是乌龟也有天赋，这种天赋不是传统意义上容易被观测到的天赋，即乌龟比兔子更喜欢走路这件事。就算没有这个比赛，这段时间乌龟本身也要走路，乌龟就是享受走路的每时每刻，它没觉得这是个比赛，也没觉得走路有什么痛苦。

乌龟向前走，不是为了赢得比赛，而是因为它有想去的地方。

兔子的这种传统型天赋让它最开始有优势，并且收获了绝大多数人的赞誉，但是乌龟一定是最后成功的那个，因为在漫长的岁月里，兔子那点优势微不足道。

天赋很重要，但如果没有热爱，那点天赋优势就会变得微不足道。也不要过分迷信坚持、自律，没有人真的能自律一辈子，甚至盲目追求坚持与自律反而会让自己痛苦。多尝试，主动寻找自己热爱的东西，不管在这一方面，你是否有别人口中的天赋。

因为，热爱可抵岁月漫长。

最后，我们用斯蒂芬·茨威格《人类群星闪耀时》中的一句话结尾吧：

"一个人生命中最大的幸运，莫过于在他人生中途，即在他年富力强的时候，发现了自己生活的使命。"

第四部分

低风险创业心法

创业和做生意有什么区别?创业之前需要做哪些准备?你适合创业吗?适合哪种项目?这一部分,将拆解做成一家公司背后的底层逻辑。

第 章

创业背后的底层逻辑

这些年,笔者因为做过投资人,现在正在开公司做短视频营销,所以总是有一些白领朋友会来咨询创业相关问题,因此笔者见到了很多白领创业失败的例子。

笔者发现这些人的创业历程仿佛有一个模板,大多数创业失败的人,都存在以下几种问题。

我们就假设创业的主人公叫小张吧。小张创业的开端往往都特别突然,要么是在公司被"优化"了,要么是反感工作中的内卷、老板的高压管理,没什么创业准备,拿着"打工人的血汗钱"或父母的钱,甚至卖房子、借商业贷款来做启动资金。

小张觉得,自己在公司负责几百万的项目对接,但公司一个月才给他几千块,自己要是当老板肯定赚得更多!怀着朴素的"我也要当老板"的心态,做梦琢磨的都是上市的时候到底是去纳斯达克还是去上交所。

小张选择创业项目和细分领域的时候也是随性的,只选自己喜欢的、"高大上"的、说出去好听的,什么花店、咖啡店、奶茶店、服装品牌专营、饰品品牌专营，总之只选贵的，不选对的。关键是调研了一圈发现市场已有的店都太Low了，凭借自己的审美和高端的眼光，一定可以做得比现在这些店好得多。

选定行业后，租一个核心地段的铺子或办公室，一定要好好装修，每天亲自来盯进度，工人有一点做得不满意就要返工，生生把3个月的工期拖到6个月。搭进去的3个月房租又怎么能比得上装修品质重要呢？开张或产品首发那天，阵仗一定要大，明明一分钱都还没赚到，阵仗大到路人觉得这家公司要上市了。

产品设计，全部要莫兰迪色、冷淡风，字要小，设计要独特。设计师不行就换，加钱，总之进度快慢不重要，产品做出高级感最重要。最后只要乍一看，让人不知道这个产品是做什么的，小张就觉得成功了！

开张的兴奋往往只能持续两三个月，就会发现没有客源，营收不理想。小张会在这时候开始研究短视频广告投放、私域运营、竞价排名。但小张其实没有太多的预算了，因为绝大多数的钱，都在前期的租房、装修、产品设计上花完了，小张默认只要产品生产出来，就会畅销，所以没有留太多营销费用。在笔者告诉他营销费用大概是产品制造成本的1~3倍的时候，他瞪大了无辜的双眼。

在花光了剩下的钱，甚至贷款买来了流量以后，销量仍不理想，小张才发现，用户实在是太Low了，根本就无法理解他花了大价钱设计的奇妙之处，反而总是去买那些单价稍低但纯纯是"智商税"的东西。

更棘手的是，小张虽然有工作经历，但是没有实际负责过招聘、管理、法务这些工作，自己招来的员工跟他老东家的同事们太不一样了，不仅工作能力有问题，几个员工还抱团"摸鱼"、跟他对着干，甚至有人在偷公司的产品。他把偷东西的人开除了，结果对方申请劳动仲裁，让他心力交瘁。

接连受挫之后，小张也意识到自己的产品存在问题，可是现在即便是想调整，也已经没有钱了，只能望着自己花了大价钱做的产品、装修，以及一身债务，摇头叹息。他最后的努力就是私信问我：诶，你说我这个项目能不能拿到投资啊？小付，你帮我融资吧。

你说你早干什么去了？真把投资人当冤大头了吗？

这样的创业失败模板在世界上每天都在上演，甚至一些知名互联网大厂的高管创业，也都会经历这个过程。如果你想跳出这个循环，想要避免这样的失败，就要对创业这件事有更深刻的理解才行。

创业的赚钱逻辑

创业的赚钱逻辑跟打工是完全不同的，正是因为底层逻辑不同，所以造成了很多高学历、在互联网大厂获得很高职位的人，下场创业却还不如一些从小做小买卖、没有大公司工作经历、没有高学历的小老板。

打工时你能赚到较高的薪资，是因为你是所有符合岗位要求的候选人中性价比最高的那一个，在所有能干这个活的人里面，你要的薪资最低、管理成本最低，你就能获得这个工作。所以你的竞争对手是其他能做这个工作的人。你的学历、你之前的工作经验、你的稀缺性，都会影响你的薪资。

但是创业赚钱并不是这个逻辑，老板赚的是员工的剩余价值。举个例子，一位老板拿下一个100万元的项目，这个项目需要10个月薪5万元的员工做一个月，假设没有其他成本，那么老板就可以赚到50万元。如果老板可以很好地把项目的每个细节都标准化，只需要初级员工做重复性工作就可以，即只需要招10个月薪2万元的员工做一个月，不考虑其他成本，那么老板可以从这个项目中赚到80万元。

为什么工作由员工来做，但是赚到大钱的是老板？因为员工的工资是跟其他能做这个工作的候选人博弈，工资要的最低的那个人会被雇佣，但是这个项目的总预算是不变的。老板只要能完善管理，就能赚到更多的钱，因为老板赚的就是剩余价值。

如何赚到剩余价值，和普通人的学历、之前的打工经验，其实相关度不是特别大，这是另一套学问。

这就是为什么在知名互联网公司年薪千万的高管,做生意真的不一定比从市场底层摸爬滚打过来的小老板厉害。

创业成功的逻辑

想在职场上平步青云,与想做生意成功,这两者的逻辑截然不同。

在职场上决定你在一家公司升迁与否和薪资多少的,是你的上司,所以向上管理是一件非常重要的事情。很多人中年就到了职场天花板,很大的可能就是向上管理的能力不够强。职场上也会有一些能力一般,但是很会向上管理的人,能得到很好的升迁机遇。

但是拿这套"抱大腿"的逻辑创业,你的路只会越走越窄。资源在很多时候确实有用,但是资源是会慢慢枯竭的,一个依靠"关系强"的公司,很难走得长远。公司的交易对手是整个市场,需要摸清市场的需求,而不是靠抱某个"高人"的大腿的。

有了以上这两个对底层逻辑的认知,加上笔者这些年投资、创业时的经验,笔者总结了一个创业成功率的排名,验证下来,基本符合现实情况。

第一类,创业成功率最高的人是有过从0到1经验的人。成功的经验是可以迁移的,曾经做过小生意、雇佣过员工,跟市场博弈赚到过利润的人,往往是掌握创业赚钱底层逻辑的人,第二次创业也更容易成功。比如刘强东在做京东之前,曾在中关村线下店卖电脑,这是一个很小的生意,但是这个经历可以帮他摸清楚做生意赚钱的基本要素。

第二类比第一类的成功率稍微低一点,但依旧有很大概率成功的人是有失败的从0到1经验的人,也就是我们经常听到的"连续创业者",比如王兴在做美团之前做过饭否,失败了;张一鸣在做字节跳动之前做过九九房,失败了。失败的经历也可以给创业者很多的经验,而且有些项目的失败可能不是创业者的问题,可能是时机、政策、技术等原因综合导致的。

而第三类可能成功率就没有那么高了,那就是明星公司高管,这是笔者在做投资咨询相关工作时发现的有趣现象,这些人在明星公司里操盘几个亿的盘子,但自己出来创业可能还管不好一个几千万的盘子。在大公司想要成为某个好项目的负责人,需要的能力其实是对内争取资源的能力,而创业是对外争取市场。

互联网大厂有很丰富的流量资源和大量的资金,对于一个发展中的小项目来说(几个亿营收的项目对于头部大厂来说,就是一个小项目),是否能争取到好的资源位,获得足够的曝光;是否能获得足够多的预算和人员招聘名额,是至关重要的,甚至比这个项目是否真的能盈利,是否真的能满足用户需求还要重要。

但是真的创业后,是没有这么丰沛的资源免费提供给创业公司的,这时需要创业者有非常高的拉新、促活的能力,产品必须真的符合用户需求。这可能就是有一些明星公司高管在大厂内和大厂外差别如此之大的原因。

最后一类,虽然很爱创业,但无疑是成功率最低的:没有工作和管理经验的毕业生。当然这样的人也并非一定不会成功,真正成功的,笔者总共见过7个左右,无一例外都是家里有经商背景的,从小耳濡目染,甚至长辈能直接给他们经营指导,才能在第一次创业中小有所成。

否则,一个没有工作经验、没有管理经验、没有从市场上赚到过真金白银的小白,直接创业打"大BOSS",成功率可以忽略不计。

你的利润从哪里来

作为一个公司的老板,你必须知道利润都可以从哪里来,以及你的利润目前是从哪里来,这会决定你能赚多少钱,以及这个钱你能赚多久。宏观来看,一家公司的利润,基本来自三种情况:红利、成本优势、产品优势。

抓风口赚红利的钱

其实很多阶段性"暴富"然后快速暗淡下来的生意，都是属于这一类，比如我们经常见到的一些例子：

在没有奶茶店的新建商业街上开了第一家奶茶店，因为没有类似的供给，所以路过的口渴的人都会来这家买奶茶，排队的人络绎不绝，即便这家奶茶的口味可能并不是特别出众；在短视频App刚刚开始火起来、很容易涨粉的时候，搬运其他平台视频或批量制作一些低质量视频先吸引一大批粉丝，等平台火起来，把有粉丝的账号卖掉，一次可以赚到六七位数的钱。

但是这种靠红利的生意，利润会随着红利的消失慢慢降低，如当其他竞争对手也发现了这条商业街，就会有越来越多的奶茶店，大品牌有产品质量优势，也有一些小作坊打价格战，最后一家普通奶茶店能赚到的钱基本等于一个人的工资。

第二个例子里的人，业内有个诨名叫"流量贩子"，这个生意的问题就是红利期很短，需要持续寻找低价流量和粉丝，所以收入非常不稳定，"饥一顿，饱一顿"。

同时，这种生意人最怕别人知道自己赚钱的秘密，因为确实是知道这个秘密的人越多，他自己就赚得越少，红利期结束得就越快。

靠成本上的绝对优势来赚钱

这类生意没有什么赚钱的秘诀，甚至每一个环节都可以让你来学，手把手教你，但即便这样，你依旧成不了他的竞争对手，这份钱就是要他来赚。这种生意的利润来自成本上的绝对优势，这种优势可能来自独特的生产工艺、更低的进货成本，或是数量级上的规模效应。

比如，可口可乐和百事可乐就是靠成本优势形成护城河的。很多人以为可口可乐是有什么绝密的配方，其实不是的，可口可乐的配方并不是绝密，很多厂家能做出可乐，甚至这两家口味上也会定期根据当地消费者需求做出调整。

但现在可乐界只有双雄,是因为只有这两家能把可乐成本降低。其他所有新竞争者,只要做不到可口可乐和百事可乐这么大的销量,单瓶生产成本甚至会比可口可乐和百事可乐的售价高。

再比如,在美国很有名的快时尚线上购物平台SheIn,中文名叫希音,其实是一家中国公司,依靠的是中国东南沿海大量生产成本极低的服装工厂,来做到成本远低于其他品牌。它每天都有上百款新品上架,每件的价格只有几美金,用这样的方式快速在北美占领市场。

产品杠杆——人无我有

这种优势是最难建立的,前期需要投入大量的资金,公司发展看起来并没有第一种或第二种那么快,但是优势一旦建立,就可以比较长久地盈利。其优势大概可以分成如下三类。

第一，品牌杠杆，比如一提到雅诗兰黛，很多人就默认这个品牌的护肤产品属于中高端的，自己用的话品质信得过，送人也觉得拿得出手，甚至会默认这个护肤品是不便宜的，可以付出很多的品牌溢价。再比如苹果电脑，大家的印象就是二手商品的保值率相对高，品质有保证，所以消费者也愿意花相对更高的价格购买。

第二，产品杠杆，这里主要是指科技专利优势，比如科技企业华为共申请了20万项专利。

第三，规模杠杆，因为用的人足够多，所以规模本身成了一种优势。微信就有这个优势。为什么微信是社交领域无可撼动的行业第一？因为每日活跃用户有10亿，你的朋友、你的家人、你的同事都用，不管你是否愿意，大概率也必须使用。

如果你的产品不在上述任何一种情况内，那你大概率只能赚一份普通工资，甚至会赔钱。一个没有优势的人去一个饱和市场想要分一杯羹，是很难的。

以上三种如果占两种，比如在有红利时入局，且你的成本很低，那么你可以用利润慢慢发展第三项，等红利消失，你已靠之前的利润投入再生产，发展出了产品优势，那么你的利润依旧有保证。

如果你完美占有三者，那真的可以说是"天选之子"，只要在经营上不犯太大的错误，成功的概率很大。

第 章

创业启动资金：
如何让风投来投资我？

在投资机构看项目的时候，笔者经常发现一些很可惜的现象：

创业者明明有很好的学历和工作背景，但是创业的时候一笔糊涂账就把公司拖垮了；

明明就是不可能赚钱的商业模式，但凡在开始时坐下来好好算一算就可以避免损失，非要等把积蓄都亏光了，才发现，原来这一切从一开始就是赚不到钱的；

明明自己有车有房，非要卖房创业希望可以赚大钱，结果落得个赔了夫人又折兵。

上一章从商业模式和行业发展的角度梳理了低成本创业的方法，这一章补充一个很容易被忽略，但是关乎初创企业命脉的部分：算账。

启动资金从哪里来？

首先，最重要的事情就是千万不要卖掉自己唯一的房子来创业，而是创业赚了钱，第一件事先给自己买套房子，给自己留条退路。

可能有读者会疑惑：不是在说创业吗？为什么要说房子？

这个问题早在春秋战国时期孟子就讨论过："有恒产者有恒心，无恒产者无恒心。"虽然这句话本意说的是治国方略，但是也可以用于创业者。

其实这句话很好理解，当一个人有了固定财产，就会默认自己有稳定的生活、安稳的大后方，所以会为更长远的事情筹谋；但是如果没有固定资产，经常需考虑每天的生存资料、房租压力，在长期有利和短期获益的两件事中，就会更倾向于做短期获益的事情。

笔者的一个前同事就是这样，明明有很好的工作，家里也给买了房，但是他非要卖房辞职创业，在2018年把深圳的房子卖掉，开火锅店，说是要破釜沉舟，给自己动力，三年后要买2倍大的房子。但3年过去了，他的火锅店倒闭了，房子也没了，原来那套房子价格涨了一倍。

破釜沉舟、背水一战，这样的历史故事之所以听起来很热血，是因为那是历史故事，不是让你真的在这样的环境中奋斗，况且还有大量破釜沉舟然后失败的故事，淹没在历史长河中，那些人如果有第二次机会，一定会记得给自己留条退路的。当你每个月还有房租压力的时候，你是不敢去做短期没有现金流的事情的，但是一些生意就需要如此，爬坡期比较长，只有建立了护城河以后，才有很好的现金流。

生意的成败靠的是大趋势助推、个人和团队的能力、创业者的心力，不是靠破釜沉舟式的自我感动。

创业的第二件事就是记住：如果你没有赚过钱，那就别想着创业能赚到钱了。这句话怎么理解呢？如果你自己从来没有靠兼职副业等从市场上赚到钱，想靠贷款或父母的积蓄做启动资金，赚到大钱，这几乎是不可能的。

任何人创业前都应该训练自己，靠与市场博弈赚一次钱，比如给别人做咨询，帮别的公司做外包项目等。

这个博弈的过程其实很奇妙，会让你重新理解定价、甲方乙方的关系及雇主雇员的区别。

笔者在创业之初就先帮一个企业做了一个新媒体外包项目。虽然这个项目非常琐碎，比笔者之前的工作要无聊很多，但是确实是我从小组竞标、定价博弈到后期执行都完整参与的项目，并且就是通过这个项目，笔者才开始搭建团队，学着进行成本管理。

当然过程中还是踩了不少坑，导致项目基本上自己只赚了个工资，并发现很多地方的成本管理是不对的，比如不应该一上来就招这么多全职员工，且在甲方确定不继续合作后，收入减少时就应该及时止损，不要长期维持高成本的业务结构。

但是这个过程很好地帮我完成了冷启动，这种项目不需要太多的前期投入，收益是确定的。别看这是个小项目，其实里面的门道也不少，必须知道如何跟甲方对接，进行成本管理、定价、竞标等。

很多人年薪几十万元，但是连直接从市场上赚20万元的能力都没有。生意场不会管你是什么名校毕业，也不管你曾经在哪家大公司赚多少工资，你是否能给市场带来价值、是否有议价能力，才是你能不能创业成功的核心。

第三件事，就是先见到回头钱，才能继续投入。

在做生意的时候一定要做MVP（Minimum Viable Product，最简化可行性产品），这是由硅谷创业家《精益创业》的作者Eric Ries提出的，就是建议每个创业者在大规模投入资金之前，先用最小的成本开发出可用且能表达出核心理念的产品，便于提早发现消费者对产品的态度，并且检验商业模式。

翻译成大白话就是：先试试你要做的东西能不能赚钱，赚到钱了再投入更多资金。

比如，如果你是想开家烘焙店，你要先把你做的糕点放到某个烘焙店寄卖，租一个小的柜台，看看你产品的卖相、口味、价格是否能得到普通消费者的欢迎。

怎样获得风险投资？

其实还有一个启动资金的来源：风险投资，这也是我的创业项目的启动资金来源。但是获得风险投资并没有大家想象得那么容易。笔者在做风险投资相关工作的时候，喜欢把公司分成4种，这4种公司我都见过不少，每种都很有意思。

第一种，也是"鄙视链"的底端："我有一个天才的想法，就差你的投资就开始干了"。这种人真的不在少数，你说他们不努力吧，倒也不是，每天很努力地在各个平台私信投资人，希望天上掉下个"冤大头"。他们的私信开篇就是："某某总，我有一个非常好的创业想法，希望得到您的支持。"你说他们努力吧，倒也不是，每天除了打字，没见到他们为自己的"天才"想法做什么别的努力。笔者称这类项目为"赛博云乞讨"。

第二种，比上一种好一点，但也没好多少，是在公司已经陷入财务危机的时候，才开始融资，这时候公司情况已经是内忧外患，把投资人当成最后一根救命稻草，以解燃眉之急。但他们忘记了，其实资本的精明只允许他们锦上添花，而不会去当雪中送来的炭。

第三种，公司有稳定的现金流，想通过融资来扩大规模。这种是非常容易从风投机构手中拿到钱的，但也最考验创始人"讲故事"的能力，原本的生意明明白白地放在那里，足以证明这个人的经营能力，但是估值定多少，确实要看他讲了一个多有"钱景"的故事。笔者见过那种本本分分做生意、"不画饼"的公司，最后无资本问津，结果人家自己没融资就做上市的；也见过明明只有一家店，却能把市面上所有的热门风口都扯上，什么国潮、元宇宙、Web 3.0，最后成功估值几个亿的。对于后一种创业者来说，心有多大，舞台就有多大。当然这个舞台只是大，并不一定能坚持多久，可能很快就塌了。

第四种，是已经有稳定利润、完全不想融资，但是投资人追着你，答应你各种要求，包括无息贷款、帮忙招人等，最后你勉为其难以一个很高的报价，让了一点股份给投资人，投资人还要张灯结彩自己发新闻通稿和朋友圈，告诉大家自己投了这个项目。

真正值得去融资的公司是第三种和第四种，前两种应该向内看，把项目梳理清楚再出来融资，但是市场上一直在融资的项目往往是前两种，很多人都是抱着去资本市场碰碰运气的想法，这种想法其实是错误的。

你要相信钱是聪明的，真的好项目是会被投资人主动找上门的，投资人的工作之一就是主动搜索有没有主动融资的优质项目。

如果项目本身不够好，公司创始人也不懂投融资行业的玩法，就真的没必要花时间花精力去碰运气。正常投资流程中需要密集见30~60家投资方，需要3~6个月的周期，这是非常占用创始人的时间和精力的，而且并不能保证成功率。

第 章

人对了，什么都对了

"投资就是投人。"

这是早期风险投资领域一句非常有名的话，而且百试百灵。

看起来再好的行业、再好的商业模式，放到一个错的人手里，照样能搞得"幺蛾子"频出。但是一个看起来不怎么样的商业模式、不好的行业，放到对的人手里，真的可以起死回生。

笔者的投资人曾经给笔者讲过他投资Musically.ly的例子。这家公司最开始找他们的时候做的是教育App，几个人做了很久也没有什么起色，决定换方向，开始尝试在海外市场做短视频App。秉承"投资就是投人"的想法，基金持续给予支持。

之前教育App的项目帮这群创业者厘清了方向，强大的团队加上丰富的经验让他们在这个新方向上得心应手。新产品一经推出就受到了市场的欢迎，最后随着公司规模的不断扩大，估值不断提升，最后被字节跳动并购，产品并入Tik Tok，成为了中国出海最成功的互联网产品，成功在北美市场分得一杯羹。

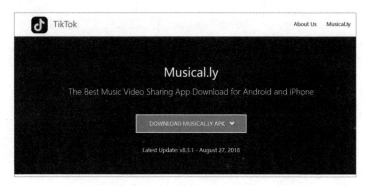

这一章,我们讲怎么判断一家公司的领导是不是"对的人",如何判断自己是否为创业做好了准备,以及在创业过程中,如何找到"对的合伙人"。

笔者根据这些年的经历,总结了一个"创业需要的准备"公式,读者可以自查一下自己算不算已经做好了创业的准备。

创业需要的准备=(专业+管理+财务+法务)×心态

前四种是并列关系,每个都很重要,而且是可以互补的,如果有一个是短板,可以用其他方面的知识或者雇佣其他有才能的员工来补足,但是最后一种——心态,却是不能被其他条件补足的,属于一锤定音式的决定因素。

专业

专业听起来很抽象,但其实可以一言以蔽之:餐馆老板,最好自己会炒菜。你可能会有疑问:炒菜找一个大厨不就行了吗?不是这样的,餐馆老板会炒菜这件事太重要了,而且餐馆老板只需要做到会就可以,不用天天炒。

你自己都不会炒菜,怎么判断你招来的大厨水平具体怎么样?如果他说做一盘菜需要3两肉,其他的都是边角料,你怎么判断他说的是不是对的?

你自己都不会炒菜,怎么给出详细的建议改善菜品质量?大厨说自己已经尽力了,所有人都这么做水煮牛肉,你除了闭嘴还能怎么办?

笔者在创业的时候一个最直接的体会就是,作为老板,了解公司业务所有环节，真的是一个太大的优势了。招聘的时候聊几句就能判断这个人是否真的做过某个他吹得天花乱坠的项目；团队有任何一个人撂挑子，老板本人随时可以补位，项目可以按时按点完成；做项目时没有人敢轻易去糊弄你，因为他们知道你太清楚这里面的门道了。更重要的是，老板自己如果都不懂这个行业，不懂业务，公司是很难吸引到优秀的人才加入的。

这种对行业认知的专业度，还能帮你避开很多坑。所以不要轻易涉及那些看起来很好，但是你并不熟悉的领域。你觉得是蓝海的地方，其实可能是死海，因为之前所有尝试的人都失败了，所以在你这个外行看起来，好像是一片未开发的蓝海。

管理

在创业前，你有管理经验吗？是在一家程序规范的大公司做过管理层，还是曾经在小公司从0到1建立过管理流程？管理这件事比"招人—给钱—下达命令"这个流程要复杂得多。而且同样是管理，大公司和小公司管理的目的是截然不同的。

第一，小公司的管理目的是提高效率。20人以下的小公司是没有必要像大公司一样，设置那么多层级的，基本上都是老板直接管理所有的人，这个人数还远远不会到老板记不住员工的程度。所以对于初创公司来说，大公司那套管理逻辑是不适用的。

第二，大公司往往追求民主，民主确实很好，但是民主对于每个员工的要求是很高的，小公司真的有那么多对公司负责，同时有很好判断能力、工作能力的人吗？

同样，大公司习惯的开会讨论需要的时间成本也非常高，这与小公司追求的效率、省时是相悖的。对于初创公司而言，一言堂往往是效率最高的管理形式。

大公司的管理目的是系统合规。在小公司度过生死存亡时刻以后，想要继续做大做强,就要建立一个完善的系统,慢慢向大公司过渡。这里面最重要的就是建立三个系统:决策系统、科举系统、监察系统。

小公司与大公司最大的区别就是大公司不能一言堂,当公司有过多的决策需要做,超出一个人的决策能力范围的,就需要一个更完善的决策系统。科举系统能让公司选出更多能带兵打仗的将军,而非老板自己事必躬亲。监察系统能让公司更公平地运营。

财务

三张表里藏着企业的生死线,这三张表分别是资产负债表、利润表、现金流量表,建议每一个想要做生意的人都学习一下这三张表中每一项是什么意思,掌握一些基础的会计学知识。

第一,在现金流量表中,要注意好成本的分配,30%用来启动项目,30%做流动资金,剩下的钱留着。不要把投资款一股脑都用作启动资金,至少要留下6~10个月的流动资金。

第二,在利润表中,要有成本管控意识,推广的资金,预计是生产成本的1~2倍。这是很多人会忽略的部分,总觉得只要产品好,可以靠熟人推广,酒香不怕巷子深。但是实际上,现在的流量成本很高,推广成本往往才是大头。

第三,在利润表里,最后是利润项。做生意一定要有回本意识,算清楚这个生意什么时候能盈亏平衡,什么时候能回本。一般开店的话,小店6个月回本属于比较好的,回本周期长于2年的,都需要仔细斟酌。一般租房合同最长就是2~3年,如果回本周期长于租房合同,很容易造成你还没有回本,房东看你生意好,店铺收回来自己做的情况。

第四,资产负债表要看存货,一定不要有太多的存货占用资金,产品的尾货哪怕是稍微赔一点,也要尽快出掉。影响你赚钱效率的除了利润率,还有就是库存周转率。同样是20万的货,周转得越快,你的利润越多。

第五,回款周期,这个事情看起来很小,却是压垮很多公司的最后一根稻草。小公司尽量不要做账期太长的项目，账期2个月以上的项目尽量不要碰。在签合同之前，一定要确认清楚甲方的付款情况，如果出现多次拖账期的情况，无论能赚多少，都尽量不要做这一单。

法务

每个合同都可能存在漏洞，稍不留意就是一笔损失，更有甚者可能葬送你所有的努力。

你真的觉得自己做好法务方面的准备了吗？那我们来做一道题。假设你是一个老板，现在出于业务需要，要招一个运营人员，你的合同主要条款包含以下几点：

你与这个员工签订一个两年期合同，规定入职前3个月为试用期，试用期工资6000元，转正后工资涨到8000元。转正后公司会足额缴纳五险一金。

请问这份劳务合同存在多少错误？

可能你下意识觉得没什么问题，那你要注意了，刚刚的那一句话里面有如下3个违法点。

第一，两年期的合同，试用期不能高于2个月，这里是3个月，所以违法了。你可能觉得很多公司试用期都长达6个月，难道都违法了吗？不是的，签三年的合同，试用期就可以到6个月了。

第二，正式工资8000元，试用期工资不能低于正式工资的80%，就是6400元，这里的6000元是低于法律规定的，所以违法了。

第三，转正之后再缴纳五险一金是不合法的，按照相关法律规定，用人单位应当自用工之日起三十日内为其职工向社会保险经办机构申请办理社会保险登记。未办理社会保险登记的，由社会保险经办机构核定其应当缴纳的社会保险费。

上面的每一个违法点都可能让员工申请劳动仲裁。

心态

最后,创业者要面对的一个更难的问题是心态的转变。是否拥有创业者心态是项目成功与否非常重要的因素,甚至可以说是一锤定音的。

创业后面对的境遇可以总结成十个字:绝对的自由,绝对的压力。

什么叫绝对的自由呢?可以这么比喻创业者的境况:在沙漠里行走,你可以自由选择任何方向、任何的行走方式、行走速度,甚至是什么时候走,但是你的体力(资源)是有限的,你必须在规定时间内走出沙漠。

普通人的人生是没有这种绝对的自由的,你的工作内容、时间、压力大小、薪资涨幅,都是其他人规定的,自己只需要遵守就行,这就跟学校生活一样,听老师的话就行。所以一旦把一个人丢到绝对的自由里,绝大多数人都是无所适从的。

能不能在这种绝对的自由里,依旧坚持本心,保持自律,接受不确定性,是心态的第一个考验。

第二个考验来自绝对的压力。这种压力来自你永远能看到比你做得好、赚得快、赚得多的人。你朋友圈每天都有同行或其他的创业者发布他们的成绩信息,仿佛你就是最失败的那一个。你可能会感慨:为什么全世界只有你赚钱这么难?为什么只有你进步速度这么慢?

而且在一家公司里工作的时候,跟你比较的就是同部门的几个同事而已,大家年纪相仿、能力差不多、学历差不多,否则你们也不可能到一个部门里。但是一旦跳出来创业,跟你比较的可能是在行业内深耕了20年的行业大佬,可能是学历比你高很多、又比你年轻很多的后起之秀,

这时候你能不能坚定走自己的道路,就成了不同人的不同选择,而不同的选择造就了不同的结局。

还有一种压力是来自责任,作为公司的老板,你永远都是那个最后担责的人,而这是作为员工不需要做的事情。作为老板,员工只要没有犯法,无论犯了什么错误,你最多能做的就是赔偿 $n+1$,然后将他开除。而你是最后兜底

的那个人，他对公司造成的损失，只能由你来承担。

这就是为什么最后赢的人往往不是一开始跑得最快的那个，而是心力最强的人，那些人无论失败多少次都有从头再来的勇气，而普通人可能经历几次失败，就没有心气了。心力，是决定成败的关键。

第 章

做生意还是创业，这是一个问题

作为一个财经博主，每天在各个平台都有非常多的人在后台给笔者留言，希望能得到融资，但简单看了他们的项目介绍后，笔者发现其实这些项目在融资逻辑上是有问题的。创业者并没有理解什么是创业，什么是做生意。

其实很多人口中的创业不过是做生意，大家很憧憬的、觉得很高大上的"创业"，在未来5年，收益可能都不如很多人看不上的"做生意"。

所以，到底什么样的项目能轻松拿到风险投资快速上市？什么样的人适合做生意？好生意的标准是什么？为什么我们这个时代是做生意的机会远大于创业？

这一章我们从投资者的视角出发，厘清创业和做生意的本质区别。

创业的本质

我们先谈谈"创业"这个过去10年非常火热的词汇。

但很显然这个词是被滥用了：现在是只要自己出来做点小营生的企业主

都把自己叫作创业者,每个人都等着讲一个宏伟的故事,从而从投资机构"忽悠"到一笔钱,然后等着上市。

但其实"创业"这个词是很有迷惑性的,让很多本来可以做好生意、赚到利润的人,走上了盲目扩张,然后破产举债的不归路。

所以这里我们先得讲明白创业的本质是什么。

创业是寻找一个爆发性的机会,在一个行业中在资本的助力下快速扩大规模,达到一定的垄断。快速和垄断是创业的特点。

"爆发性"这个词是很难达到的,它不是仅仅依靠这个创业者很努力、有资本助力就可以做到的。无论你努不努力,有没有获得投资,有些行业就是只能做到每年20%~30%的增速。爆发性的增长除了你的努力,其实更重要的是行业选择,爆发性增长的前提是行业内有根本性变化,从而使效率有较大提升才行。

比如移动互联网的大规模应用,让我们选择衣食住行的服务商时发生了变化,才造就了2015年那批移动互联网巨头的崛起:拼多多、滴滴、美团、贝壳。人类不是每天都在发明电灯泡,只有抓住了行业爆发的时间点,才有爆发式增长。

早一步是先烈,晚一步是"炮灰"。

像滴滴、美团、京东这样的公司,其实常年处于巨额亏损状态。这并不是公司的常态,也不是一个健康的模式,不要为公司在"烧钱"而感到庆幸,这只是一种无奈的牺牲。这样的公司在上市时,管理层的股份一般都已经被稀释得比较少(一般都在20%以下)。

那为什么创业者不选择不融资,保留更多的股权、慢慢赚利润呢?因为行业处于快速增长时期,如果你不融资,那么你的竞争对手势必会吸引到投资,如果对手用融资得来的钱快速扩大规模、提高市场占有率,那么你的营收就会受到影响。

一旦资本决定进入一个行业,一旦行业进入快速爆发期,慢可能就意味着掉队。

当你是对的人、在对的时间选择了对的行业、有快速爆发的潜力，就一定会有创投机构来投资你，创投机构就是我们熟悉的VC（Venture Capital，风险投资，主要投早期项目，一般单笔投资额在1亿元人民币以下）、PE（Private Equity，私募股权，主要投中后期项目，一般单笔投资额在1亿元人民币以上）。

很多人私信问笔者：有创业的想法后，怎么找到投资机构融资？其实笔者不建议项目没有开始就寻找融资。

因为融资是一个耗时很久的历程，一般主动找融资的创业者需要聊20~50家机构后才能拿到融资，创业者会有2~3个月一直处于被投资方拒绝的状态。创投机构目前都是非常看重项目的运营数据的，一个没有任何数据、只有PPT和故事的公司很难拿到投资。而且他们会持续关注市场，只要你做出成绩，他们会主动找到你的。

正所谓"上赶着不是买卖"，你做得好，基金经理会来找你的。

比如，虽然笔者因为工作的原因，在风险投资圈子里有非常多朋友，大家也会经常出来聚会，但笔者在创业初期，完全没有联系他们寻找投资，而是项目有一定成绩后，一家我之前并没有接触过的基金主动找到我，因为他们是先了解了我的项目成绩，所以整个沟通过程非常顺利，只通了两三个电话，对方就决定投资了。

投资机构不是慈善机构，他们也只是为了低买高卖而已，在早期买入你公司的股份，然后在你的公司做大后，通过并购、后续融资或上市的方式，把自己手里的股份高价卖掉。

正是因为创投机构变现的方式是很有限的，所以他们是很喜欢抱团扎堆的，所以创投圈慢慢衍化出一种新玩法，即几家关系不错的创投机构都抱团投某个赛道和项目，更容易把项目"抬"上市。这种项目业内黑话叫Club Deal（俱乐部交易），一个小团体内部就解决掉几轮融资，比如瑞幸咖啡就是一个很典型的Club Deal，每轮融资的投资方都有着千丝万缕的联系。

投资机构喜欢的商业模式可以用3S模型来总结。

第一是Significant，即市场规模足够大，比如烟、酒、茶就是很大的市场，茶具、酒具就是小了一个量级的市场。

第二是Scalable，即商业模式可复制化，火锅、串串香这种轻烹饪的项目就有很好的可复制性，每个地方只需要解决供应链问题就行了，但是需要依靠大厨、重烹饪的餐饮店，比如米其林餐厅就不具备很好的可复制性。

第三是Sustainable，即有延续性，不是只能做几年的生意，而是能长久做下去的生意。

生意的本质

看到上面的内容可能很多朋友会灰心了，自己做的事情不符合这些标准，难道就没有发展的可能了吗？并不是这样，笔者的判断是，未来10年，对于普通人来说，更适合做生意，做生意无论是成功概率还是收益都会高于创业。

创业是爆发式的，但并不是每个时代都有这样的大机遇。但做生意不是这个逻辑，只要有需求就一定有生意。过去十年我们国家的"双创"浪潮，其实是有时代背景的，就是移动互联网浪潮，所有的衣食住行都因为移动互联网而进行了重构，所以有很多比较大的机遇。但是现在移动互联网红利基本消耗殆尽了，所以现在贸然去讲一个平台的故事，很少有人买账了。

现在的机会是做生意的机会，在各个大平台上，我们还可以做很多小的生意，这些生意对比大平台想象力更低，但是它的利润率可能更高，最终收益不一定低于创建一个平台。

但做生意的方式跟创业是不同的。生意需要更看重现金流，创业更看重营收规模和利润率这些跟估值直接相关的数据。

生意的本质是解决问题,是先找到用户的痛点,然后设计产品满足他们的需求,所以时间点、赛道、爆发性这些对创业极其重要的因素,对做生意来说反而不是特别重要。

创业更多需要产品思维,要设计出有爆发性的产品;而做生意更多其实是流量思维,你的解决方法是否天下独一份并不重要,但是谁能获得更多高质量的客户,谁的利润就会更高。

所以,其实近几年靠PPT造梦融资的成功者少了很多,很多依靠平台玩转流量的人反而有很好的收益。

比如,在拼多多平台刚创立的时候,每个身份证可以注册多个店铺,这样他就可以以量取胜,注册多家店铺卖同一件商品,消费者搜索这个商品关键词的时候,前几个出现的店铺都是一个老板注册的,无论买哪家的产品,都是这个老板赚钱。这个方法能在一定程度上垄断搜索流量,把握住平台初期的流量红利。

再比如,在抖音平台刚创立的时候,平台规则还不完善,一些人就注册很多账号,然后发产品的短视频,哪一条转化率高就一直花钱给这个账号买流量,并且用短视频带货,带货的产品毛利率奇高,一般都会超过90%。

这些生意可能我们看来不太上得了台面,很多生意在平台变得更规范以后,就无法继续了,但是这些生意人确实是赚到了钱,原因就是把握住了生意的底层逻辑:找到流量然后做高毛利率的产品。

当下普通人该如何选择

普通人如果想赚到能跨越阶层的收入,只靠上班是很难的,还是要靠"下海"。但是到底是创业还是做生意呢?其实这个并不是非此即彼的,很多好的生意做到一定程度,也会转变思路,做大规模以求上市,很多创业者做一段时间发现空间不太大也开始将事业变成赚利润的生意模式。好的公司一定是两者结合的。

而最开始如何选择,要看你的背景和你选择的赛道。

第一,如果你的赛道已经有30%以上的玩家走了资本路线,拿到了大量融资,比如现在的一些消费品领域,那基本可以确定不走创业路线拿到投资就很难继续下去。因为你如果是以生意的角度做,你的流量会被那些拿到投资的玩家不计成本地抢走。你需要顾忌利润,但是他们不需要,所以越早拿到融资对你在这个赛道的发展越好。

第二,如果你的背景是该行业头部公司的关键部门负责人,已经有非常好的业绩了,比如你要做低度酒的话,你是RIO品牌的市场总监,那你拿到天使投资的概率还是很高的,就可以选择创业。

第三,如果你的赛道几乎没有上市公司,也几乎没有基金专门关注这个领域,那可以判断这个赛道不够成熟,可以先作为一个生意做,等有一定的成绩以后再做考虑。其实在现金流很好的情况下,低价卖股权寻求融资反而是一个下下策。无论你怎么选,最后公司还是要靠自身盈利变现,股东只能锦上添花,不可能雪中送炭。资本只愿意投资那些不需要钱的公司,而不是缺了这笔钱就干不下去的公司。

如果你确实需要钱才能做下去,那相信我,你缺的不仅仅是钱。

第 章

用副业开启人生的第二增长曲线

企业经营里经常会提到一个概念：第二增长曲线，说的是公司的主营业务势必会随着市场变化，从新兴市场时的高增长状态逐步放缓，在业务还未衰退的时候，就要开始发展新的业务，形成第二条曲线，接替曾经的主营业务的地位。第二条新业务形成的曲线，就被称为第二增长曲线。

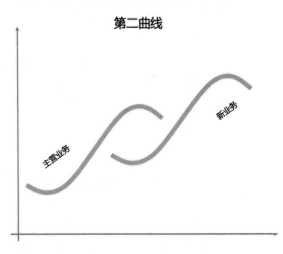

真实的商业社会中，没有能永续的好业务，一切都需要迭代。其实对于个人也是一样，在现在这个快速变化的市场中，"一招鲜吃遍天"的事情再也不会有了。

20世纪90年代"下海"开工厂赚得盆满钵满的厂长们，现在也要面临产能过剩、利润持续走低的困境；2000年做房地产行业的人也需要面临"房住不炒"新政策下，企业现金流吃紧的困境；2010年互联网大厂的程序员，也要面临中年被裁的困境。

在主业收入还未彻底下滑到无法承受的时候，发展一个副业，是现在年轻人特别喜欢谈论的话题。什么样的人适合做副业？什么样的人不要做副业？副业有哪些选择？如何用副业开启人生的第二增长曲线？本章用真实案例来告诉你。

这些人，请别做副业

在正式讲副业之前，我们照例先"劝退"，但凡有下面五种心态的人，请千万别做副业。

第一，只出卖体力，赚一点小钱。

人的精力是非常有限的，应该把主要精力放在主业和个人能力发展上。下班后的任何工作都会占用你的精力，影响你在主业上的发挥。如果这个副业只是出卖体力，赚一些没有上涨空间、不能培养工作能力的事情，那它是不值得做的。

比如，在你衣食无忧的状态下，下班是开网约车赚500块钱，还是购买一个职业培训课程？笔者的建议是后者，甚至，就连多睡一觉，让自己第二天工作的时候精力更旺盛，都比开网约车要好。

因为做网约车司机的收入是线性的，不会随着你的经验增长而变化。

第二，副业跟自己的主业和未来要做的事情完全没有关系，纯粹是想追风口。

风口的特点是来得快去得快，来的时候谁都能看到，但是真的能抓住机会、赚到真金白银，却是很难的。

风口只适合两种人追：第一种就是有足够资本的人，这些人可以在风口来的时候做一些投资，短期赚赚快钱；第二是本身就在相关行业，能力、资源都有，只需要一个机遇就能撬动之前资源的人，比如你本身就是做连锁餐饮的，加上短视频探店，就可以引爆流量。

但是如果你不属于这两者，只是想把风口行业作为副业，没有想着之后在这个行业发展，这意味着你连充足的准备时间都没有，在别人都拉足马力、把全部资源投入的情况，你是毫无竞争优势的。

第三，和别人合伙做副业。

跟别人合伙创业90%的结局都是分道扬镳，做不成朋友。而如果你副业还要跟别人合伙，除了做不成朋友以外，还很可能赚不到钱。

合伙分两种，第一种是你出钱，合伙人出力；第二种是两个人都把这个作为副业，同时出钱，负责不同的工作内容。但这两种都是很危险的状态。

第一种情况主要出现在店铺加盟上，你有主业，于是只出一些钱，让一个时间更空闲的人看店，或者干脆雇一个店长。然而做这种实体生意，如果不亲自抓账目和采购，基本不可能赚到钱，这两块可以做手脚的地方太多了。

第二种情况，最大的问题是分工和责任区分不明，两个人都把这个作为副业，那么一旦有紧急的事情，谁来处理？更重要的是，每个人都会觉得自己是出力更多、更重要的那个，长期而言，无非下面两种结果：要么这个生意不赚钱,两个人都不想多花精力,都把精力放到主业上,然后生意越来越差;要么这个生意很赚钱,那么花精力更多的那个人会想办法把另一个把这个生意只作为副业的人踢走,所以很难长期保持合作。

第四,啥也不会,想花钱学怎么做副业。

副业是当前知识付费领域里,"割韭菜"的重灾区。他们的套路就是利用大家想要赚钱的心态,大肆宣扬上了课以后,薪资有多高,工作有多轻松。总之,宣传的每一个点都打在人性的弱点上,然后把一个非刚需、教学质量得不到保证的课程,卖到大几千元。

而且上课以后的套路也很有意思。我们拿近期宣传最多的配音课来举例。

这种课程宣传的套路是零门槛、无要求,只要一个人能说话就能配音,且月薪上万,在家工作,舒服自在。

上课的套路是只教你基础的发声方法、普通话、录音技巧。但是嗓音条件本来就是一件很看天赋的事情,如果你一直做不好,对方就会继续让你买更贵的设备。这样课程+设备,整体下来需要7千~8千元,但是依旧无法保证你的学习效果,至于赚钱就更难了。

第五,觉得副业就是玩玩也能赚大钱的行业。

这世界上有三类人:觉得一健身就能练出满身腱子肉,又担心腱子肉太多不好看的人;以为一炒股收益就能超过巴菲特的人;觉得随便做一下副业就能发家致富的人。这三类人其实是同一类人——想得太多的人。

副业也是一种工作,它的压力可能比你的主业更大、更难,而且主业一般都是有固定工资的,但是副业一般很少能一分耕耘一分收获。很有可能有很长的爬坡期,也有一定的失败概率。

所以，你的心态应该是把副业当成另一份风险更高的工作，而不是当作兴趣，并等着天上掉钱。

副业真正的作用

虽然上面说了很多劝退的话，但笔者还是强烈建议每一个有额外精力的人，尝试一下副业，因为它有如下三个很重要的作用。

第一，在正式创业前，先做副业积累经验。比如，笔者虽然一直有创业的想法，但是笔者也是把两个项目都作为副业做了一段时间后，觉得时机成熟了，才正式离开全职工作，开始创业的。

笔者的第一个项目是毕业两年后与其他人合伙兼职创业，项目是做MCN（内容运营机构），帮多家头部的新闻客户端提供海外直播内容，那时候MCN这个概念在国内还很少见，而且直播也是只开放给部分官方账号，笔者算是国内最早一批做MCN的人了。不过这个项目虽然赚到了钱，但是笔者在做的时候发现，这个项目对平台的依赖过大，当年的短视频生态也没有现在这么完善，平台的结算周期很长且需要我们垫资，整体盈利不好，所以项目也被迫停下了。

第二个项目是在第一个项目结束两年后，笔者发现中视频崛起，加上自己曾经做记者、摄像、创业做MCN的经历，便开始在业余时间自己运营账号。在账号已经有一定的粉丝量，有大客户主动找我们做代理商，同时还有投资机构注资的情况下，笔者才选择全职创业。

很多时候，媒体喜欢讲"破釜沉舟"的创业故事，仿佛只要不给自己留后路就一定能成功。但笔者强烈建议每个创业者都先用副业试错一段时间，虽然累了一些，但是风险最低。生活不是打仗，有退路才能更好地接住生活给你的每个机会。

第二，利用业余时间培养更多的工作能力，作为主业的一种能力补充。

职业转型、跨行跳槽、升职，这些可以提升主业收入的动作，背后都需要你拥有更强的业务能力，比如管理能力、对其他行业的了解、额外的技术能力……这些如果不是在你的主业中可以培养的，那么副业就是很好的一种补充。

比如，笔者的一位在传统行业的朋友想跳槽到互联网行业，他是怎么做的呢？就是从副业开始。他从事汽车行业，但是4S店的经营每况愈下，他所在的那家店管理效率也很低下，他很憧憬互联网比较扁平化的管理、高速的迭代、良好的福利待遇。但是没有任何相关经验的他很难直接跳槽。

他选择的就是"曲线救国"，因为他很懂汽车配件，所以先运营了一个汽车行业的短视频账号，有了几万粉丝，虽然很难靠这些粉丝变现，但是这是一个很好的投名状，证明他有不错的互联网运营能力，就靠这个，他成功拿到了头部互联网大厂的汽车领域内容运营岗位的Offer。

他把他曾经的主业与副业做了一个结合，顺利得到了自己喜欢的新岗位，薪资和福利上了一个大台阶。

第三，你没法离开你的主业，但是你需要赚更多钱。

比如，全职宝妈很难在孩子很小的时候就离开宝宝去上班赚钱，如果不想浪费这段时间，副业是一个很好的选择。但是宝妈创业是当下"割韭菜"的重灾区，因为宝妈手里有些钱，又很着急赚钱，所以容易被一些副业培训、微商团队盯上。这类人群在选择副业时，一定要注意甄别信息的真假。

适合普通人的四类副业

在分析清楚自己是否适合做副业后，笔者整理了适合普通人做的四大类副业，几乎涵盖了市面上所有的副业类型，同时还对每种副业进行了具体的分析，你可以直接筛选出最适合自己的副业。

第一种，职业咨询培训。这是笔者最建议有3~5年行业经验的职场人做的副业。这个副业是你本职工作的一种延伸，可以帮助一些对你所在行业很感兴趣的人进入你的公司和行业。这个过程几乎不涉及新知识的学习，完全是对你已有经验的复用。

其中主要有两种副业分类，第一种是咨询类，比如简历修改、职业规划咨询等，偏向于1对1服务，这需要你有持续的客源，可以选择与相关的职业教育机构合作，或者在"在行"等平台上做。时薪要看你的工作背景和所在公司，报酬一般为每小时几百元。

职业咨询培训的第二类的预期营收，比第一类更高一些，那就是培训类。很多行业所需要的知识，大学是不教的，即便大学有相关知识教授，内容也会落后市场2～3年。所以职场教育一般都是由一线员工完成的。比如，你从事的是产品经理、市场运营、新媒体运营等工作，或者你曾经考过某个比较冷门的考试，你可以把自己的经验总结成课程、录制好，放到职业培训平台上销售。这种收入是一次付出，多次回报，录制好以后多研究一下销售渠道就可以了。

第二种，技能类。这类副业需要你确实很擅长某种技能，并且已经达到了炉火纯青的地步。

你很擅长PPT制作，就可以兼职帮别人做PPT；

你擅长写作，可以帮公众号、杂志、传统媒体撰文，做特约撰稿人；

你声音好听、普通话标准，可以帮有声书做配音工作；

你会乐器或编曲，可以接音乐制作的单子赚钱；

你会剪辑、插画，可以接自媒体、UP主的单子赚钱；

你会摄影、化妆、做首饰，也可以在业余时间做"二次元"、古风圈的妆娘等。

这种需要技能的副业往往会给你带来更多的机会，比如，笔者在大学的时候就是靠写作赚钱的。最开始是免费给一个杂志社做实习生，之后主编看我文笔不错，就给了我一个专栏写，于是我有了稿费，成了专栏作者。之后《VOGUE》《新京报》《时装L'OFFICIEL》《澎湃》需要驻英的特约撰稿人的时候,都会来联系我。

虽然这个副业并没有赚到太多钱,当时的稿费最低是每千字300元,最高是每千字2500元,但是确实给了我很多采访的机会,我在那段时间采访了《三体》作者刘慈欣、钢琴家李云迪、杨丽萍、《扇舞丹青》舞者王亚彬,等等。

第三种,通过经营自媒体,建立个人IP。

做个人IP,笔者有如下四个建议。

第一,每个平台的使用人群和平台推送逻辑是不一样的,所以选对平台非常重要,你要结合你想做的内容,你的个人形象,以及你对平台的熟悉程度来选择。同样的内容,在小红书能火,在快手可能就无人问津。平台选择上,笔者建议你打开手机使用时长的统计,看自己最常使用哪个平台,这个平台上的内容和你的喜好最相符,同时你也最熟悉这个平台。

第二,把你的账号、你的内容,甚至你这个人,看作一个产品,而不是把这个自媒体当成朋友圈做个人的感情抒发。你要研究的是你的目标用户喜欢什么、需要什么、会为什么付费。你越了解你的目标用户,你的内容越符合他们的需求,你的副业越容易成功。

第三,先想明白盈利模式再动手拍摄。不要想着等自己火了,有大把的广告主找来,自己应该怎么选,而是应该想:如果永远不能大火,怎么赚钱?如何才能有及时的正反馈让自己挺过账号的爬坡期?

第四,拍够100条,笔者坚信只有量变才能引发质变。这些年咨询笔者怎么做自媒体的朋友太多了,但是他们往往分成两种:第一种是信心满满但不动手,第二种是不能坚持。但凡是能坚持拍过100条视频的人,都能做好,自己都能总结出经验。但是世界上多的是拍了十几条就觉得一切太难的人。这样的人是不可能做好这件事的。

第四种，电商卖货。电商卖货的门槛越来越高了，随着职业电商人的入局，单纯把这件事当成副业确实比较难了，但是选好平台还是有机会赚钱的。

如果你已经确定自己要做副业，最重要的就是选择一个竞争不大，且不需要大量投入的平台。天猫、拼多多显然很不适合，淘宝、闲鱼、跨境电商（虾皮）还是有机会的。表18-1是笔者为大家总结的各电商平台特点及建议。

表18-1 各电商平台特点及建议

平台	特点	建议
天猫	竞争激烈，对品牌要求高，想开起一个有人气的店，需要至少百万元的投入	不建议作为副业
淘宝	广告投放费用高，对品牌要求稍低，建议选择一个竞争小的品类，避开美妆、服装等竞争大的品类	可以作为副业，但需要筛选一下产品的品类
拼多多	对供应链的要求高，需要持续保持高销量才能有自然流量	不建议作为副业
闲鱼	二手交易平台，也有新产品销售。流量不多，但是仔细运营，还是有一定的销量。优点是平台不抽佣	可以尝试做闲鱼无货源销售，把销量不错的产品挂到闲鱼上，等有人下单以后，你在其他电商平台上下单邮寄，赚差价
虾皮（跨境电商）	对英语水平的要求高，同时需要有一定的技术能力和供应链	适合英语较好且有供应链的人来做

第19章

如何利用自媒体做财富放大镜

自媒体博主到底能赚多少钱?

博主怎么才能红?红了能赚多少钱?什么样的人可以经久不衰地红下去?

自媒体是难得的普惠性机会,它跟其他的行业如芯片、医疗不同,这些行业只有很专业的人才能做,但在自媒体中无论你是谁,你都有可能在这个领域里面赚到钱。

不过不同的做法,能赚到的钱不一样多,持续的时间也不一样。

这一章综合了笔者和团队成员在短视频行业的经验及与多位行业内的知名自媒体创作者交流的经验,希望可以帮助想进入这个行业的人,预判一下自己到底是在哪一级、未来的发展空间能有多大。

笔者把目前市面主流的通过自媒体赚钱的方法分成3个阶段,越到后面,能赚到的钱越多,能持续的时间越久。

自媒体变现，短期靠流量

流量是这个时代非常稀缺的资源，有流量就有钱。

这句话不是"有好评就有钱"，不是"招人喜欢就有钱"，而是"有流量就有钱"。看懂这句话你就能明白，为什么有些哗众取宠但有流量的网红，可以赚到大学教授、知名学者都赚不到的财富体量。

因为资本会为稀缺性付出更高的溢价，财富会流向更稀缺的地方。

在线教育单个付费用户的获取成本一度飙升到3000元，旅游行业的获客成本也从携程创立之初的几毛钱飙升到几百元，能精准获客就是价值。这也是为什么网红如此赚钱，没有学历门槛的自媒体从业者，可以赚到普通人无法想象的财富。

注意，笔者这里说的仅仅是当下的一种现象，并不是价值导向，这种"有流量就有钱"的现实是很不合理的。

同样是靠流量赚钱，不同平台，不同品类，收入也有明显差别。

不同渠道的流量价值是不同的，目前中文互联网最贵的流量是微信公众号流量，平均每个阅读1~2元，头条账号如果每篇都有10万以上的阅读量，广告费一般不低于10万元。公众号广告费最高的目前是一个叫Hugo的账号，不过因为言论原因，这个账号已经被关停，该账号巅峰时期最高的广告报价是130万元/条。

B站（哔哩哔哩）单条广告报价大概是粉丝数的20%~40%，不过因为B站的用户整体偏年轻，消费能力弱，且更倾向于品牌广告[①]，所以在经济下行期间，博主广告收益下行风险很大。

抖音因为是算法推荐而非粉丝推送机制，所以抖音的广告价格普遍很低，大概是每个粉丝0.03元，100万粉丝的抖音博主，单条广告报价大概是3万~5万元。

---

① 品牌广告：打广告的目的是提升品牌知名度，并不强求该条广告直接带动销售额。与之相对的概念是效果广告。

小红书博主接广告的门槛最低,只要有几千粉丝,就有广告主找来。表19-1为总结的不同平台特点及报价等相关信息。

表19-1 不同平台特点及报价等相关信息

平台	涨粉难度	报价(同粉丝体量)	启动难度
公众号	最难	最高	最难
B站	较难	较高	较难
抖音	易	最低	较低
小红书	中等	中等	最低

另外,同样是有流量的博主,有些品类的博主赚得也比其他品类多,如生活方式、数码、美妆类博主的收入大概是其他品类博主的5~10倍。

为什么?广告收入金额要看下游客户数量,刚刚提到的这些品类的博主,对应的广告主是快消、美妆、食品等品牌,这些品牌的市场推广预算很高,而且产品毛利率高。如果博主愿意接受根据销量来计费的方式,且品牌方愿意给博主很高的渠道返佣,一旦这个产品销量高涨,博主的收益就会大幅提高。

比如在抖音有个博主名叫"阿纯是质量测评家",他最开始是做男扮女装的变装视频吸引流量,但是搞笑类博主变现很难,所以他就转战美妆测评,收入有了质的飞跃。

而生活方式、数码和美妆这几个品类中,又以美妆博主收入最多,因为美妆产品的毛利率一般都是在70%以上的,所以能提供给博主的渠道返佣非常多,一般在30%左右。也就是说,每卖出100元的产品,有30元会被合作的博主赚走。数码类博主的收入偏低,因为数码产品的毛利率较低,一般能给博主7%的渠道返佣就很多了。

其他品类如搞笑、音乐、舞蹈,都缺乏直接的带货、打广告的场景，直接对口的广告主更少，所以同等粉丝数的情况下，收入略逊于前面提到的几个品类。

看到这里，大家可能觉得这些博主赚钱似乎很容易，但其实博主属于风险很高的一类工作，现在博主的迭代速度很快，对于博主日更的创作能力要求很高。即便这个博主从进入这个平台的第一年就开始红，且一直是这个平台的顶流，整个账号的生命周期也很难超过10年。

从中国各种媒体的迭代史中可以发现，从博客到微博、公众号、短视频，各个平台的黄金时间最多就是10年，这对于一个人来说不算短了，但是对于一个团队、一个企业来说，最多只能做10年的生意，这个时间未免太短了。

自媒体变现，中期靠供应链

自媒体变现，中期靠供应链。没有在红利期把供应链搭建起来的博主，都会像流星一样随着平台的没落慢慢沉寂。

供应链怎么理解？有以下三种维度。

第一个维度是靠广告主的广告费，搭建起广告主的供应链。比如与多个广告公司、媒介公司做好维护工作，与大品牌签订年度框架协议，这样就从等广告主找上门、"饥一顿饱一顿"的被动模式，变成了主动出击、有稳定客源的主动模式。

第二个维度是建立带货供应链。第一个维度其实收入是相对有限的，毕竟一个账号能承载的广告数量是有限的，广告单价也是相对固定的，报价基于CPM（Cost Per Mile，每千次观看计费方法，一般根据最新的10个内容的平均点击率来计算广告费），所以收入上限是确定的。但如果可以接受CPS（Cost Per Sale，根据销售额计费，一般是将总销售额的5%~50%给博主作为渠道返佣），那么博主的收入是上不封顶的，一切都要看博主的带货能力。

带货供应链主要是指能与知名品牌建立长期合作，品牌愿意提供比市场更低的价格和足够的货品供应，这样只要博主有流量，这个产品就会源源不断地给博主带来利润。

这里我们举一个例子：二手奢侈品带货。二手奢侈品其实是非常适合直播带货的，消费者想看哪里，主播就可以展示哪里，同时用话术引导成交。由于每件产品都是孤品，所以还能造成一种"过了这个村，就没这个店"的饥饿营销场景。一个不到10万粉丝的账号，每天晚上带货收入可以做到几十万元。而想要做这个生意，稳定的上游供应链是最重要的，只要你有好的货，不愁卖不出去。

第三个维度是建立自己的产品供应链，销售自己的产品，这样博主的收益除了渠道返佣以外，还能赚到更多产品毛利。比较有代表性的就是博主卖自己录制的课程，或者是销售自己设计的服装等产品。

这个维度下，博主能对供应链有完全的把控，可以控制内容和产品的质量，同时利润率更高。这是绝大多数普通人最应该追求的模式：自己本身已经有一个生意，用自媒体为自己的生意引流，让流量成为财富放大器。

比如一些知识博主的变现模式就是卖课，他们一般会设置阶梯课程，10元以下的课程为引流课，吸引一些对课程感兴趣但是还在观望的用户，然后靠千元课程进行系统变现。

自媒体变现，长期靠品牌

截至目前，我们这一章讨论的都是在生意这个层面。只有流量，你可以做几年的生意；有稳定低价的供应链，能做十几年的生意。那么如何做得更长久，赚更多钱呢？

自媒体变现，长期靠品牌。很多人对品牌这个词有误解，好像是只要有一个商标，就叫品牌了。但其实品牌代表了一整个链条：产品设计、供应链、营销，这些都完善了，才算一个品牌。

能做到这个阶段的自媒体公司属实不多，这里举一个酒类自媒体的例子："醉鹅娘"。

这位博主她从公众号讲红酒知识起家，之后做抖音带货，拿下野格酒在线上的代理权，并做出自己的几个品牌：摇滚精酿啤酒、白鸟、狮子歌歌，2020年的营收将近4个亿。

再举一个服装品类的例子，有位博主叫"小豆蔻"，她做的品牌叫十三余，这是一个国风服装品牌。最开始小豆蔻是靠国风发饰视频在网络走红，之后与合伙人一起开办了国风服装品牌十三余，并且与多个知名博物馆、明星名人合作，目前淘宝店铺粉丝已经超过400万。

可能大家乍一听这两个例子中的带货量和粉丝数觉得一般，因为头部主播"双11"当天的带货量都能超过100亿元。那为什么这个4亿元却是第三个层级呢？因为品牌的天花板比一个带货的个人更高；全链条掌握在自己手里，能拿到的毛利率更高；而且一个品牌的生命周期是更长的，一个人可以红10年，一个稳定供应链可以用几十年。

写在最后

从短期到长期，从赚流量变现到经营品牌盈利，这个路线会变得越来越复杂，对心力、管理能力的要求越来越多。

绝大多数的博主都在第一个阶段，只靠流量变现。这个阶段并不是赚不到钱，恰恰相反，这个阶段是可以较容易地赚到钱的。那为什么不一直在这个层级呢？笔者这里想提出一个新的概念"博主的资源诅咒"。笔者之所以不厌其烦地讲解各种供应链、品牌等更复杂的变现方法，也是为了打破这个"博主的资源诅咒"。

什么叫博主的资源诅咒呢？

往往现阶段的博主都是非常有天赋的人，很多人喜欢把没什么知识、空有流量的人说成是运气好。但是，笔者接触到的所有拥有10万粉丝以上的博主，都有非常好的敏锐度，知道如何吸引一群人并深入了解他们需要什么、状态是怎么样的、喜欢什么话题。而这类人的多少就决定了博主的粉丝基数，所以博主很重要的资源就是这种敏锐度。

真正让他们拥有这么多粉丝的，不是所谓的知识，不是长得好看，这两者都太不稀缺了，稀缺的是用什么样的方法把自己的优势展现给什么样的人。

让他们抛弃自己现有的账号，重新再做一个，他们依旧可以做得还不错。他们过往的积累为自己带来了这个时代极其稀缺的资源——流量。

这是这些人的天赋，是立足之本，但这种天赋就像石油之于中东国家，挖石油卖石油这个生意太容易赚钱了，所以没有一个石油资源丰富的国家发展出过硬的工业、完整产业链，等到资源枯竭的那一天，还是会被打回原形。

博主往往也会遇到一样的问题，博主如果只擅长某个平台的流量获取，并没有在红利期发展起更扎实的供应链、生命周期更长的品牌，那么他的收入在平台下滑期也会受到很大的影响。

做生意和经营企业没有什么捷径，自媒体只是一个新增的高效获客的渠道，但自媒体从来没有改变生意的本质。

在红利期的时候，做最难的事情，走少有人走的路，把竞争壁垒做高，才是把生意做长久的不二法门。

第五部分

投资心法

小白如何开始进行投资？不同种类的理财产品，背后都有哪些"坑"？如何抓住股市里的财富密码？这一章，为大家拆解每种投资产品背后的底层逻辑。

第20章

花最少的钱做最大的保障——保险

你听到的90%的有关保险的建议,都是错误的。

保险销售向你推销的99%的产品,都不值得普通人购买。

真正值得每个普通人都配齐的便宜又好用的保险,你可能从来没听过。

保险作为四大重要的金融品类之一,是普通人非常重要的保障手段。但人们对保险的态度往往有两个极端,要么是听从销售的建议,过度保险,如每年拿出上万元给小孩买保险,或者干脆拿出20%的家庭年收入买理财型保险;要么就是不相信保险,干脆不碰。这两者都是不可取的态度。

保险这个行业最大的问题是信息获取渠道畸形。普通人了解名目繁多的保险的主要途径是保险销售,而销售人员为了个人的利益,会更多地推荐提成高的保险,并建议普通人过度保险。

部分多年期年金保险,销售提成加上渠道的返佣可以得到第一年保费的50%~75%之多,之后每一年还有额外分成。销售费用可以占到保险公司成本的50%。这样说,你就明白为什么有那么多保险销售孜孜不倦地给你推荐保险产品了。

同时保险还有一个特点，就是种类繁多，而且同一品类不同公司的产品也故意设置区别，所以消费者很难直接横向对比性价比，这更加大了普通人选购的难度。

这一篇有关保险的科普，笔者力争做到在覆盖面足够完整的同时具有实操性，帮助普通人更简便地进行保险的挑选。笔者根据投保的必要性，给名目繁多的保险做了分级处理，并且总结了如下投保三原则。

原则一：必备的保险万万不可缺席

真正建议每一个普通人购买的保险就2种：基本医疗保险（简称医保）和百万医疗险。

首先是医保，这是国家提供的一种福利，属于最基础的保障，一定要买，而且记得不能断缴。一般只要是参加工作，公司都会给员工缴纳五险一金，这五险其中之一就是医保。一般情况下，用人单位每月需缴纳社保基数的8%，个人则需缴纳2%，个人缴纳部分每个月从工资中直接扣除。

医保有几个好处是任何其他商业保险都没有的。

第一，参保无限制，医保不排斥任何一个人参保，不管你是刚出生三个月的小孩，还是六十岁的老人；是没有工作的流浪汉，还是已经得了重病的人，医保通通一视同仁。而商业保险限制就比较多了，老人可能保费会很高，已经检查出疾病的人可能不能投保，医保就没有这些问题。

第二，一旦交够一定年限（不同地区要求不同，一般为男性缴纳满25年，女性满20年），医保就可以保障你享受终身医疗，之后退休即便不再缴费，依旧可以享受医保报销。这也是其他商业保险不可能做到的。

所以无论你是否有工作，笔者都建议你不要错过这个超级福利。如果你有工作，一定要看公司是否给你缴纳五险一金，这是公司的义务，如果公司没有交，你可以向相关部门投诉。如果你是灵活就业者，可以自己去当地社保局缴费,保持医保不断缴。医保一旦断缴会有如下三大危害。

第一,无法正常报销医疗花费。在绝大部分城市,医保断缴的第二个月开始就不能享受住院费用的报销了,只能用自己个人账户上的钱,相当于一大笔损失。而且部分城市一旦断缴,需要重新累积缴纳3个月后才能享受报销的权利。

第二,医保只有累计缴满一定年限(20~25年,不同地区和人群要求不同)才能享受终身医保,如果经常中断,那很有可能在退休的时候,你的缴费年限不够,就无法享受退休时的医保报销了。

第三,报销上限会降低。医保报销的基本原则是:连续缴费时间越长,每年报销上限也就越高。在有的城市,如果你断缴超过3个月,你的连续缴费年限就会被清零,将直接影响到你的报销限额。在一些一线城市,如果你连续缴纳医保6年以上,每年最高能报销医药费100万元,但如果连续参保不到6个月,就只能报销10万元。

当然医保作为一种基础性国家福利,是有一些缺陷的,需要其他商业保险补充。

第一,医保报销比例有限,对很多大病的治疗来说,依旧是杯水车薪。所以部分地区,推出了大病补充医疗保险,每个月通过公司交很少的钱,就可以参保,如果患了保险内包含的疾病,就可以二次报销,缓解压力。

第二,医保的住院报销是有起付金额的,如果费用没有达到报销的起付金额,就全部由个人支付。

第三,医保的报销有限额,这个限额根据你的缴费年限来设置,一旦超过这个限额,超过的部分就不能报销。

第四,医保报销的类别比较有限,总结就6个字:"两定点三目录",很多治疗相关的,比如请护工的费用是不包括在内的。"两定点"即定点医院和定点药店,并不是所有医院都能享受医保报销,如私立诊所、海外就医等,这些情况社保都不予支持;买药也是,只有前往医保定点药店,才能享受医保报销。"三目录"的报销标准如表20-1所示。

表20-1 医保的"三目录"

目录	类别	报销比例
药品目录	甲类药	100%报销
	乙类药	按比例报销
诊疗目录	治疗费、检查费、手术费	部分报销
服务设施目录	床位费等	普通病房床位可报销,高端、特需病房自费

第五,医保实行的是先垫付后报销,而且报销需要一定的周期,但很多人可能没有那么多钱来垫付。

针对这些问题,普通人可以叠加一个商业医疗险,即百万医疗险作为补充。百万医疗险的优势如下。

第一,只要住院就可以使用,报销的时候没有病种的限制。

第二,住院费用1万元以上的部分都可以100%报销。

第三,每年最高的报销额度可以到300万元。

第四,这个保险的费用是很便宜的,一年200元左右。

选择百万医疗险的时候要注意门诊要包括门诊手术、门诊恶性肿瘤和肾透析;门诊外需要包含ICU和复查。这两种保险的总结如表20-2所示。

表20-2 必备保险总结

种类	价格	购买渠道	选购注意事项	购买建议
医保	个人承担基数的2%	公司代扣代缴或自己去社保局缴费	尽量不要断缴	不要断缴,如果离职可以自己去社保局缴纳
百万医疗险	200元左右/年	保险合同官方的网络渠道更便宜	门诊要包括门诊手术、门诊恶性肿瘤和肾透析;门诊外包含ICU和复查	越年轻的时候买,越便宜

不同保险公司的百万医疗险差别并不大，但要注意如果有保险销售说不能单独购买这个险种，不要相信，这只是他的营销手段而已，换一家保险公司或直接在该公司官方网络平台购买就行了。

原则二：投保注意优先级，为主要劳动力叠加额外险种

买保险的时候要注意，投保是要分优先级的，而且并不是最爱谁，就给谁买得最多。

投保的优先级是：先大人后小孩，优先照顾家庭主要劳动力。

国家为了保护未成年人，对未成年人的保额有严格的限制，如表20-3所示。儿童有医疗保险，基本就已经足够了。

表20-3　未成年人保额限制

年龄	保额限制
不满10周岁	10万元
已满10周岁但未满18周岁	50万元

家庭主要劳动力的投保底层逻辑是跟其他人不同的，因为他需要承担家庭的支出，如果他因为疾病或意外无法继续提供收入，家庭其他成员的生活会受到很大影响，所以这个人需要搭配额外的保险：**重大疾病保险（简称重疾险）、人寿保险（简称寿险）和意外伤害保险（简称意外险）。**

首先，重疾险和医疗险虽然都跟疾病相关，但它们是完全不同的险种。重疾险不是报销型，而是一旦查出相关疾病，立刻可以给被投保人一笔钱，被投保人可以用这笔钱来治病、还房贷或周游世界，没有使用用途的限制。

投保重疾险的时候一定要注意的是保额，如果保额太低是没有价值的。给家庭主要劳动力投保重疾险的目的是，即便他病倒了，依旧有钱养家，所以这笔钱要能涵盖：治疗费（约20万元）、家庭5年的生活、病人康养费用、房贷的余额。

所以一般重疾险的保额公式为:保额=重疾治疗花费+生活费用+房贷余额-流动资产。一般一线城市重疾险保额不低于50万,其他城市不低于30万。在选择重疾险的时候,有如下三个简单的方法,可以帮你省钱。

第一,在经济状况允许的情况下,尽量选择终身型的。因为医疗技术始终在发展,现在出现了癌症慢病化的情况,如果是一年期的重疾险,容易出现发病后保险公司拒保的情况。

第二,尽量选择消费型重疾险而不是返还型,比如到65岁的时候返还。保险是一种消费,不是投资,它的利率很低,有这个钱给保险公司,还不如自己买理财产品。

第三,在不同公司的产品中进行选择的时候,不用选择保障最多疾病的产品,疾病覆盖越多就越贵,做基础保障即可。

其次,除了重疾险,还可以给家庭主要劳动力搭配一个寿险。

注意,寿险只需要给主要劳动力配上就可以了,给孩子配寿险没有必要,完全是被保险公司"割韭菜"了。给老人配寿险保费比较贵也不太合算,对老人来说,医疗险搭配一个便宜的意外险就足够了。

寿险的选择上也要关心额度,如果太低是达不到投保目的的。额度要覆盖如下几项支出。

第一,家庭未来10年的必须支出,包括衣食住行、房租或物业费、孩子教育费用。

第二,赡养老人需要的费用。

第三,目前的债务总额,包括车贷、房贷等。

第四,计算流动资产,包括现金存款、货币基金及能快速变现的资产。

寿险的额度=未来10年的家庭支出+赡养费用+车贷房贷-现有流动资产

最后,也可以考虑给家庭主要劳动力配一个意外险。意外的发生概率很低,但是意外险的好处是杠杆率极高,每年50~300元,就可以有50万的保额,而且意外险保费与年龄关系不大,只与职业有关。购买的时候注意以下4点就够了。

第一,保额跟寿险相同即可,一般是50万元。

第二,关注一下产品是否有猝死免除的条款,如果工作压力比较大,尽量避免购买这类产品。

第三,可以有针对性地选择保额加倍,比如经常出差的人,可以选择坐飞机的意外险加倍。

第四,短期旅游的时候可以购买短期意外险,按天买,几十元即可。

以上介绍的保险总结如表20-4所示。

表20-4 保险总结

种类	价格	购买建议
重疾险	每年几千到几万元	保额不要过低,只给家庭主要劳动力购买
寿险	每年几百元	保额不要过低,不建议给老人和孩子购买
意外险	每年50~300元	关注是否有猝死免除,短期旅游按天购买即可

原则三:这样买保险更省钱

同样是买保险,同样的保障项目,通过不同的途径和方式购买,价格可能差十倍。所以笔者总结了以下5条买保险的省钱秘籍。

第一,保险是消费不是理财产品,如果你手头紧就不要选有理财功能的保险。很多保险销售会一直推荐年金类及带有储蓄功能的产品,实际上这类产品的年化率都非常低,基本到不了3%,银行的大额存单都比这个高,而且提前取出会有比较大的损失。所以不必追求保险的理财功能。

第二,买保险不用追求大品牌。如果你想省钱,可以不用买大公司的,选一个小公司的好产品就可以了。中国对保险公司的管理属于世界最严格的国家之一,迄今为止是不允许保险公司倒闭的,即便保险公司经营不善也只能被收购,由下一家公司继续完成剩下的保单。大公司每年都有大笔的预算花在广告、保险销售薪资上,产品的性价比往往不如小公司。

第三,尽量买单独的险种,不要买一份覆盖多种险种的产品。很多公司为了显得产品超值,会推出医疗、意外、寿险打包在一起的产品,但这种做法除了让产品更复杂以外,其实并不会让产品性价比提升,甚至因为这类产品缺乏直接对标的竞品,导致消费者无法横向比价。

第四,趁年轻的时候买。同样的险种,开始购买的年纪越小往往保费越便宜,所以对于一些必要的险种,比如百万医疗险,赶早不赶晚。

第五,买保险的心态要稳。买保险的时候千万不要把它当成一个理财产品,因为一旦你短期没有看到回报就容易停止投保,这会导致既没有获得足够的保障,之前投保的钱也拿不回来了。买保险就保持一个"上香"的心态最好,每年最多花几百上千块,给自己买个心安。

第 21 章

选对的人帮你赚钱——基金

万变不离其宗,无论多么复杂的买基金方法,都要围绕基金赚钱的两个底层逻辑展开,与其去分享很多短期失效的方法,不如把底层逻辑讲明白。所以关于基金笔者只分享两个部分:第一是底层逻辑,第二是普通人买基金经常会犯的错误。

抓住第一部分的底层逻辑,然后避开第二部分的错误,你基本上很难在基金上亏钱。

基金赚钱的底层逻辑一:抓住康波

基金按照管理方式分类,可以分成被动型基金和主动型基金。

被动型基金是指它的基金经理不主动寻求超越市场的表现,而是复制整个市场的收益率,比如我们熟悉的"中证500""上证50"都属于被动型基金。

投资被动型基金的底层逻辑只有一个,就是抓住康波。

"康波"全称是"康德拉季耶夫周期理论",前苏联经济学家康德拉季耶夫考察了资本主义世界两百多年的近代史,发现他们的经济发展有明显的周期性。

经济周期有短周期、中周期和长周期,每个周期的波动和产生原因各不相同。我们可以利用基金这个投资工具来抓住这些周期,并因此获利。此处只介绍短周期和中周期的相关内容。

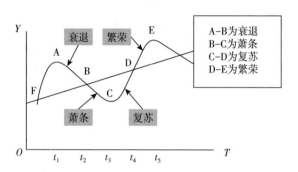

短周期,又名基钦周期,它是由美国经济学家约瑟夫·基钦于1923年提出的。基钦根据对物价、生产和就业的统计资料的分析,认为资本主义经济的发展,每隔40个月(3~4年)就会出现一次有规律的上下波动。

在我国,这种波动的背后都能看到央行的货币政策变动、国家短期财政政策变化等明确信号。比如我们经常会在新闻里看到的利率上涨或下调0.5个百分点、存款准备金的上涨或下调。

这些重要的指标上涨会让市场上流通的钱变少,人们倾向于多储蓄、少贷款,经济活力会被抑制;而一旦下调,人们会少储蓄、多贷款,因为贷款的成本更低,这会让市场上的钱变多,有刺激股市、提振楼市的作用。

我们可以利用这样的周期,来巧妙布局,准确捕捉买入和卖出点。国家会在各种官方文件中透露出当前货币政策,在每年政府工作报告中,如果你看到"稳中有进""宽松"这些词汇就表示国家采用比较宽松的货币政策,政府倾向于降息降准来刺激经济;如果你看到"稳定"这样的词汇就表示国家倾向于采取相对紧缩的货币政策,可以适当减少投资布局。国家已经把财富密码写出来了,就看你会不会"抄作业"了。

中周期，又叫朱格拉周期，是法国经济学家朱格拉提出的一种为期9～10年的经济周期。该周期是以国民收入、失业率和大多数经济部门的生产、利润和价格的波动为标志加以划分的。

在中国，这类的周期一般是由产业创新驱动，比如20世纪80年代因为开放市场经济不久，所以"投机倒把"的生意人都赚到了钱；20世纪90年代因为市场缺少产品，所以下海经商开工厂做产品的供给方，都能赚到很多钱；2000年左右商品房价格因为城镇化的提升大幅上涨，房地产行业迎来快速增长；2010年代互联网和移动互联网的技术浪潮造就了一批上市公司和互联网新贵，进互联网大厂的程序员在一线城市买车买房、安居乐业。而在我们当下，因为碳中和计划，中国的新能源车产业井喷式发展，电池厂、新能源车整车厂等上下游都有很好的增长机会。

想抓住中周期，单纯看央行货币政策是不够的，要看技术和产业的发展。想要抓住中周期赚钱，可以通过布局具体的产业基金，在对行业有准确预判的条件下，在周期开始的时候布局，然后在高峰时期逐步减仓。

基金赚钱的底层逻辑二：选对人

之前我们提到过，基金按照管理方式，可以分成被动型基金和主动型基金。

主动型基金就是基金经理来替我们投资，投资哪家的股票、哪家的债券，什么时候调整比例，都由基金经理说了算，他们会主动出击，寻求超越平均水准的超值回报。

主动型基金非常依赖基金经理的能力，基金经理个人能力的好坏，直接决定了基金是否有收益。所以投资主动型基金的底层逻辑就是选对人。

关于如何选择主动型基金，笔者总结了如下5条原则，分别从成立年限、收益率、规模、费率、基金经理5个维度进行筛选。

第一，基金的成立年限在3～5年以上比较好，太年轻的基金在回溯收益率的时候可能会受到经济周期的影响，比如在牛市刚成立的基金，收益率一定远好于在熊市成立的。

第二，找到基金3年以上的年均收益率，优先选择收益率更高的基金。

第三，基金的规模在5亿～100亿元最好。5亿元以下的基金规模太小，基金公司或基金经理的募资能力可能有些问题；100亿元以上的基金规模过大，反而会影响收益。

第四，费率越低越好。基金的费用明目较多，建议把费率做一个横向对比，选择相对较低的。

第五，基金经理的更换频率越低越好。选基金就是把钱给基金经理来管，换基金经理几乎与换了新基金的投资风险相当，所以一定要关注这一点，一般基金经理的更换频率不要高于两年一换。

基金的六大地雷

仅仅了解基金赚钱的两个底层逻辑是远远不够的，很多人在基金上亏钱并非不了解底层逻辑，而是犯了投资上的错误。笔者把普通人买基金经常犯的错误总结出来，总共有六大"地雷"。这些"地雷"会吞噬你的收益，在你判断正确的情况下，依旧会让你亏损。这种情况是最可惜的，所有的判断和努力都对了，但是结果事与愿违。

错误一：频繁操作

很多人喜欢把基金当股票，买了以后经常看，一旦有一点收益就想着卖掉，频繁进行买卖操作。这是错误的做法。

基金不是股票，频繁买卖基金，是不可能赚到很多收益的。基金要收很高的管理费。如果你在买入基金7天内卖出，要支付1.5%的管理费。每2天买卖一次基金的话，你每年要交本金16%的手续费，等于每年净亏损16%。

但数据显示，64%的人定投没有超过1年，而能坚持3年以上的都不到10%。买基金一事，拿得稳拿得住，才能守得云开见月明。

错误二：按前一年业绩排名来选基金

很多人选择基金的时候会打开过去一年基金收益排行榜，然后根据排名来选购。这个做法是错误的。

选基金不是选三好学生，前一年的优异表现并不能带到下一年，相反前一年过于优异的业绩表现，可能是透支了未来涨幅的信号。

根据统计，第一年的排名前几名的基金第二年业绩都是倒数，原因很简单，这些基金业绩好，因为他们买的股票都已经有不错的涨幅，此时股票的估值倍数都处于高位，如果第二年股票公司业绩无法继续保持超高速增长，估值背书会有所回调。

你在已经大幅上涨以后再买入就等于高位接盘，买入后下跌的风险很大。基金前一年的收益排名并不应该作为选基金的指标，甚至可以说这应该是一个反向指标。

错误三：在新基金大规模发行的时候买入

经常留意传媒广告的朋友可能会发现，基金公司并不是365天每天都在打广告的，总有一段时间销声匿迹，然后新基金发行的时候广告铺天盖地。这也是一个有意思的指标，但凡是在基金大规模发行的时候大举建仓，都容易被套牢。

记住，基金大批量发行的时候，别买！铺天盖地宣传的时候，别买！这是小白最容易踩的坑。你想基金大批量发行，又有足够的市场经费的时候是什么时候？有可能是谷底的时候吗？熊市发售基金根本没人买，所以只可能是市场最火热的时候，而这时候一般很快股价就见顶了，市场就是等着你来接盘，大概率你买入就会成为被套牢的"韭菜"。

最近三次基金大规模发行的时间分别是2019年4月，2020年2月和2020年7月，对比大盘走势，很明显可以发现这些时间点都是牛市最火热的时候，之后大盘指数都有一定程度的下跌。

错误四：小白爱买新基金

新基金是否有可能有高收益？有可能，但是这个产品不适合小白，除非你对基金经理和所选行业有非常深的了解和研究，否则尽量不要碰刚发售的新基金。

新基金很多时候非常诱人，如其申购手续费低，还有学历很高的明星基金经理操盘，但这个产品并不适合小白，它有很多坑，比如有3个月的建仓封闭期，在3个月的封闭期内，无论业绩如何都无法卖出，而且业绩相对不透明，只在周五公布涨跌幅，并不方便普通人及时跟踪基金业绩。

错误五：基金规模太大

基金不是规模越大越好的，募资金额超过150亿元的基金，别买！

对于基金来说，规模是收益的天敌，一旦规模超过150亿元，产品收益率必然受到影响。因为《证券投资基金运作管理办法》规定，一只基金持有一家上市公司的股票市值不得超过基金资产净值的10%、同一基金管理人管理的全部基金持有一家公司发行的证券时，股票不得超过发行额的10%。因为规定的压力，所以基金无法重仓一些表现非常好的小盘股，而需要被迫配一些大盘股，这样基金整体的业绩就会被"拖后腿"。

规模越大的基金越容易受到大盘整体的影响，而且近些年来，中国的小盘股（总市值较低，如中证500中的股票）的增长是比大盘股（市值较大，如茅台、中国平安等上证50中的股票）要更大。

错误六：大额分红就是在"割韭菜"

很多人很喜欢分红，觉得白得一笔钱还挺开心。但其实基金的大额分红跟股票不同，这是基金在"割韭菜"的信号，趁早远离。

给我钱还不好？当然不好，举个例子，你买了1000块钱的基金，每份净值2元，总共买了500份，现在一份可分0.8元的分红，总分红为400元。现在你还是拥有500份基金，价值为600元（即1.2×500=600），分红400元，所以你最终得到的还是1000块钱。这相当于把钱从左口袋拿到了右口袋，一点用都没有。

大额分红还有一个要命的地方在于，基金在大额分红之前，要把股票卖掉降低仓位，而机构抛出100股跟你卖出100股是两回事，减仓需要很长时间，还会吸引很多来"捡便宜"的基金，会大大影响你购买的基金的收益。如果你真的需要这些分红的钱，直接卖出就可以了，没必要找这种大额分红的基金。

任何一种投资方法，都是要看时间窗口，是瞬息万变的，而且可能并不是每个普通人都能把握住的，比如有的基金确实能赚到钱，但是它有很高的起投门槛，普通人没有那么多的流动资金用来投资。而且真正此时此刻、无门槛就能用的投资方法是没有人会教给别人的。所以一味去追求所谓的万能投资法，就会被骗子利用，或者学一些过时、无用的知识，浪费时间。

但是不管具体方法如何变化，投资的底层逻辑是万变不离其宗的，当你明白了这个底层逻辑，就能自己去分辨那些方法论是否有效，还能自己总结适合自己的投资方法。

另外为什么避坑方法也是很重要的呢？多了解一些其他人亏损的原因，可以让你少走弯路。聪明的投资者不是要自己把所有的坑都踩一遍，而是先站着看其他人是怎么做的，用其他人的经验帮助自己筛选出那条对的路。

与君共勉。

第 章

你为什么是股市中的韭菜？错误投资方式总结

普通人炒股，结局大概可以用七个字总结：一盈二平七亏损。最后只有10%的人赚到了钱，70%的人都会亏损。过去中国经济蓬勃发展的20年，每个人身边靠抓住地产红利等赚到钱的人是有的，但是真的抓住白马股长期持有赚到钱的人非常少。

牛市时，身边去开户、晒收益的"股神"很多，但是真的能在熊市及时止损的人少之又少，拉平来看，每年平均收益想超过普通理财产品都很难。这就是普通人的炒股困境。

这一章讲一讲普通人炒股为什么那么容易被"割韭菜"。

笔者在做投资者教育的时候发现普通人亏钱的原因其实是大同小异的，往往就是犯了几个非常典型的错误，造成了投资时错过优质标的、错过止损机会。

在股票交易中，避免亏损、避免犯错其实比某次精彩投资更重要。巴菲特有句看似很无厘头实际上很有深意的话：投资成功的关键点有三个，一是不要亏损,二是不要亏损,三还是不要亏损。

100元的本金,跌去20%后,如果你想要恢复本金,需要的并不是涨20%,而是需要想办法涨25%才能回到100元。可见投资的时候避免犯错误是非常重要的。

围棋界也有一句名言:善弈者通盘无妙手,这话句是说一个会下棋的人,往往一整盘棋你是看不到那种神奇的一招致死或力挽狂澜的绝招的。普通人学股票投资,先要学的也不是抓涨停、精准买入,而是要先不犯大错,守护本金。

错误一:太快all in

这一条说的是对本金的控制。你能用多少钱投资股票?这些钱如何布局?错误的投资方法是完全不设置投资上限,手上有多少就投多少,导致生活受到严重影响。

股票作为高风险投资,在你投资的那一刻就要做好损失全部本金的准备,所以股票投资用的资金一定要是完全不影响生活的资金。学费、购房款、购车款、家庭日常开销等钱都不适合用于股票投资。想把买车钱通过投资翻倍,奥拓变奥迪,可实际操作起来,很可能让你从奥拓变成自行车。

同样你的生活品质的提高也不能寄希望于股票,这会让你变得短视,或者徒增花费。这怎么理解呢?有多少朋友是这样的:今天股票涨了,去吃顿好的;第二天股票跌回去了;第三天又涨了,再去买个包包;第四天又跌下来了……你的财富从来没有变化,但是你的消费为国家GDP做出了贡献。

而且这类人往往还有一个特点,就是但凡决定了要用来投资股市的钱,一般会在3天内全都买入股票,生怕账户上有一分钱的"闲散资金"。

这样的买入时机往往并非最佳时机,会导致买在高位,而真正低估值时机出现的时候,你手上已经没有任何额外资金了。

在你划定的股票投资资金范围内,投资时不能马上加满仓,这会让你的资金变得不够灵活。好机会是等来的，在机会来之前，一定要守好你的本金。

错误二：不持续学习，但很容易轻信他人

不持续学习，却太容易相信他人是初学者容易犯的第二个错误，这会导致你对任何股票都缺少深度了解和信任，在大跌中很容易因为惊慌而在低位"割肉"卖出，在上涨时因为担心下跌而不敢长期重仓持有，无法扩大盈利面。

问你一个问题：如何才能让买到的股票翻十倍？

答案其实很简单：就是不要在涨了一倍的时候就卖掉。

这个听起来很"无厘头"的答案背后，其实暗含着一个绝大多数人都犯过的错误，就是"拿不住"，无法坚持长期投资，无法做到延迟满足。如果股价一直在上涨中还好，一旦出现一次急跌，第二次稍微涨回第一次的峰值，就会有很多人选择落袋为安。

那为什么会出现这种情况呢？因为投资者对该公司和行业不够信任，而这种不够信任造成有一点点风吹草动、股价波动时，就把买入时的雄心打回原形了。

我们来假想两种情况。

第一种情况是你是一个白领，用闲暇时间炒股，最近听一个"股票专家"推荐了一只股票，但你完全没听过这个公司，对该公司所属行业也不太了解。这时候，你突然发现这只股票今日大跌，已经快跌停了，你马上登陆股票论坛，发现上面有很多匿名人士发帖说这家公司出了大问题，知名基金经理资金已经撤出，让大家都快跑吧。这个时候，你还敢继续持有该公司的股票吗？

第二种情况是你是某行业从业者，有10年以上行业经验，已经做到公司中高层，对行业内排名前三的公司运营情况了如指掌，今天因为某个基金经理的错误操作，导致你一直看好并持有的股票大跌，市场上也突然多了一些风言风语，说这家公司出问题才导致资金撤出，而你深知这家公司没有问题，而且有一个新产品上市预计销量会很好。此时你会跟风卖出股票吗？

之后这只股票无论怎么上涨，都会跟第一种情况中的白领无关了。虽然他已经在对的时机买了对的股票，但是由于没有深入学习和了解，不敢重仓、不敢长期持有，导致最后他并不能赚到钱。

股票投资是一个需要很强学习能力和快速搜集信息能力的事情，在买入任何一只股票之前，都应该对其公司所在的大行业发展情况、同业竞争、公司运营和财务数据等有深入的了解，才能构建起你对这家公司的信任，才能坚定地长期持有并获得超额回报。

市场的奇妙之处在于，股票的定价逻辑完全是由当前的成交价格决定的。某股票为什么当前是20元？是因为上一单成交的价格是20元，那它下一秒的价格是多少呢？这要由买卖双方的博弈来决定，如果这时候出价最低的卖家想要用21元卖掉，出价最高的买家想用17元买，那就不会有成交，股价就继续维持在之前的20元。只有当卖家或买家改主意了，比如卖家很着急卖，于是从21元主动降到了17元，才能促成这笔成交，而这时候股价就变成了17元。

从这个交易逻辑我们可以看出有多少股票被卖掉，就会有多少股票被别人买入，所以大概可以粗略估算出，市场上有多少人在这个价格看好这只股票，就有多少人不看好，否则交易就根本不会完成。

这也是为什么你的买入逻辑一定不能是"听信他人"，因为你能听到多少人看好这只股票，就会有差不多数量的人不看好，你会在这两个信号中不断纠结，浪费好机会。

错误三：喜欢冒险

"韭菜"与"庄家"的很大区别就是，韭菜特别喜欢冒险，而真正懂投资的人往往最注重的就是风险管控，甚至最喜欢赚无风险的收益。

有些人的典型错误就是喜欢加杠杆做投资、特别喜欢冒险，甚至会去投资自己并不熟悉的产品。因为他们对一句话产生了很深的误解：风险越大，收益越大。

这句话真正的含义应该是收益大的投资有相对大的风险,而不是追求高风险的过程中必然有高收益。真的想要赚到稳定的收益,应该做的是去管控风险,而不是反过来追求高风险。

投资与德州扑克有一些相似之处,顶级投资人大多是德州扑克的玩家。在德州扑克中,最重要的就是要控制风险,计算好赔率和胜率。好的投资人最重要的就是永远不要去玩期望值为负的游戏。

胜率的计算公式如下:

胜率=成功的概率=成功的总次数/(成功的总次数+失败的总次数)

比如你扔一枚硬币,你压正面,胜率就是50%。

比如你玩骰子,你压数字1,那么你的胜率就是1/6。

赔率=获胜时的盈利/失败时的亏损

比如仍的硬币,每次下注2元钱,赢了赚5元钱,输了就亏掉这2元钱,那么赔率是5除以2等于2.5。

比如扔骰子压数字6,若每次下注2元钱,赢了赚8元钱,输了亏掉2元钱,那么赔率就是8除以2等于4。这两种游戏特点总结如表22-1所示。

表22-1 游戏总结表

游戏类别	胜率	赔率	期望值	特点
扔硬币游戏	50%	2.5	1.5	高胜率,高赔率
扔骰子游戏	16.7%	4	1.33	低胜率,低赔率

如果没有经过周密计算,一味笃信风险越大收益越高,可能会一意孤行去玩这个投骰子的游戏,但是这个游戏期望值是不高的。相反那个看起来很简单的扔硬币游戏,却能赚到不错的收益。所以好的投资人应该去找到更多扔硬币类的游戏,做好风险管控,而不是追求冒险。

在股票投资领域也是如此,比如你买了一只股票,预测其若上涨,幅度约为30%；若下跌，幅度约为10%，那么赔率就是30%除以10%=3。但是上涨的概率你预计是5%，下跌的概率是95%，那胜率只有5%。

对于这个投资而言，它就是一个低胜率、高赔率的游戏，期望值只有0.15，所以即便有机会上涨，这也不是一个很好的投资标的。

一个优秀的投资人，要做的不是勤奋地玩很多收益不好的游戏，而是勤奋地寻找那个高胜率、高赔率的游戏，甚至去找一些无风险套利的机会。

错误四：我在这买，在这卖掉就好了

几乎每一个股票初学者都会看着K线图，想象自己要是能在这里买，然后在那里卖掉就好了，他们会学习如何做波段操作，涨一点就卖掉，希望等它跌了再买入，结果往往是股价再也没有跌回来。然后因为心急，反而造成了低点卖掉，高点买回的情况。

只有经历很多次这样的错误操作，小白才能意识到，作为市场的一分子，你基本上不可能在最高点卖出，在最低点买入，这件事绝对不是你应该去努力追求的。

如果一个人恰好买在最低点，或者卖在最高点，那只能说明两件事：第一，他的持仓一定不多，在某一个确定的点的成交量往往是很小的，而在持仓不多的情况下，即便是有盈利，实际的盈利总额也不多；第二，这是一件小概率的事情，最高点和最低点几乎无法通过数据分析来计算出来，这种既无法让你赚到很多钱，又极其依赖运气的事情，并不是一个理性投资人应该花大量精力去追求的。

错误五：喜欢在K线图中发现"财富密码"

很多刚接触股市的朋友，都会被技术分析中的反转信号等东西吸引，因为它们看起来太像"财富密码"了。

比如有些人认为十字星就是反转信号，股价上涨的时候，如果出现十字星就说明股价要下跌了，如果下跌的时候出现这种十字星就说明要上涨了，另外在连续下跌或上涨过程中，也会有十字星出现。这类教程还会附上很多真实K线图案例作为佐证，称这样的信号就是买入或卖出的标志。

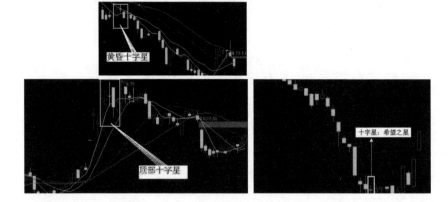

这类教程非常具有迷惑性的原因是，比起动辄几十页的券商研究报告，几百页的公司财报，这些信号看起来特别简单，特别好理解，让人误以为这是学生时代类似"奇变偶不变，符号看象限"这种百试百灵的口诀，但实际上并没有用。

当然，网络上各种风靡一时的投资教程不一定都是错的。投资只有适合与不适合，没有对与错，但这类"极简风"教程很可能是过时的或牵强附会的，没有实操价值。对于时间有限的普通人来说，笔者的建议是尽量选择价值投资，而不是学习这些技巧进行技术分析投资。

我们先了解一下价值投资和技术分析，这两个投资流派的区别如表22-2所示。

表22-2 价值投资和技术分析

区分	价值投资观点	技术分析观点
收益来源	股票就是企业的一部分，收益来自企业价值的不断增长	股票就是筹码，收益来自观察市场，以及超越市场的动作

续表

区分	价值投资观点	技术分析观点
投资逻辑	找到一家不断增值的企业,然后陪伴它一起成长	搞清楚参与各方的思维和心态,然后进行博弈
股东和公司管理层	同为股东,大家都是认同这家公司的朋友。公司发展得好,大家才能一起赚钱	同为股东,大家实际上是敌人,必须想办法吸走对方的筹码,或者让对方当"接盘侠",自己才能够从中获利
财富世界观:股市是个怎样的游戏	正和游戏,只要国家的宏观经济不衰退,大家都是一起赚钱的	零和游戏,我赚到的每一分钱都是其他人亏损的

  这两种不同的投资观念并没有优劣之分,也没有赚钱效率的高下之别。价值投资流派的代表人物当属巴菲特,技术分析流派近些年来利用技术分析、高频交易及人工智能算法的加成,量化基金也有相当亮眼的表现。

  为什么技术分析不适合普通人?

  第一,技术分析的理论变化很快,半年前好用的K线图涨跌信号,可能因为大量高频交易量化基金的涌入,已经失效了,需要持续学习,持续与行业内同行交流,甚至自己根据数据来提炼、总结出新的信号。而普通人是没有大量数据、高级算法等资源的。

  第二,任何一个有效的技术分析理论都不能单独使用,需要结合其他的数据指标综合判断,这个也是普通人很难短时间具备的能力。

  第三,技术分析流派的投资者想要抓住好机会,需要长期盯盘加上迅速判断。真正做技术分析的人,工作上是非常自律的,每天盯盘风雨无阻,而且休市后依旧保持高强度的学习,这显然并不适合普通人业余进行股票投资。

  就拿刚刚提到的十字星来说,这是一个很简单的信号,但是你如何在没有后续K线图的情况,判断这到底是反转信号还是继续下跌信号呢?这就需要与其他信息结合来判断。所以说技术分析信号看起来好像是一条捷径,但实际上对普通人来说并没有很大的用处。

  如果说10年前,技术分析还有机会让普通人获利,那么现在有了人工智能算法、量化基金,只会让普通人的技术分析炒股之路越来越难。

第 23 章

普通人在股市赚钱的两个逻辑

上一章,笔者提到了5种散户亏钱的原因,总结来看,其实就是忘记了股票的本质。这5种投资方式都在把投资当成一种黑盒,仿佛把钱放进去,念对某个咒语就能变出更多的钱,而不是把钱投入一个真实存在、希望用这笔钱创造更多财富的公司中。

比如,很多刚学技术分析的小白,会觉得"死亡交叉""买入点"就是一个神奇机器的开锁密码,只要输入正确,把钱放进去就能稳涨10%,而忽略了股票价格是一众买家、卖家相互博弈的结果,你能看到这些"买入标志",其他人也能看到,所以这就导致这些标志有相当大的概率失效;同时也忽略了你买到的不是一个虚拟的代码,而是一个真实存在的、正在创造价值的公司的一部分。

所以在学习股票投资的过程中,笔者会强调"底层资产"的重要性,理解底层资产的价格和价值逻辑,才能了解你从中获得回报可能性,帮你分清什么是市场上的噪声,哪些是风险极高并不适合普通人投资的机会,而哪些是普通人可以利用并成倍放大自己财富的方法。

股票市场的底层逻辑

首先,股票到底是什么?公司为什么要上市?这是很多投资股票的人没有搞明白的事情。

股票最开始诞生于荷兰,大航海时代开始之初,出海一次成本很高,风险也很高,不过对应的收获也非常可观,为了解决出海成本问题,东印度公司开始发行股票让普通人也能参股,这就是股票的雏形。如今,公司上市的目的是募资让公司做大做强。

举个例子。

比如,现在你要开个煎饼铺子,你需要10万元,但是你没有这笔钱,可以让大家一起来参股,股东只出资不参加实际经营,你负责日常经营,于是你决定占50%的股份,出资的股东占50%。

那么你就可以总共发行100股,每股1000元(100股×1000元=10万元)。你这个煎饼铺子的市值是20万元(因为10万元占股50%)。

为什么这个市值是20万元呢?你预估每年煎饼铺子的利润是2万元,这个煎饼铺子大概能做10年,所以你用10倍利润的估值来计算,就是2×10=20万元。

那么股票的涨跌是怎么决定的呢?如果你的煎饼铺子经营不善,总是买不到便宜的原料,导致成本居高不下,每年利润只有2000元,那么即便能做10年,也只能赚到2万元,估值大幅缩水。

手里有你煎饼铺子的股东小刘就不乐意了,就会想用100元的低价赶紧把手里的股票卖掉,这时候每股其实只值100元了。隔壁的小王觉得鸡蛋和面粉明年可能会便宜,所以用100元每股的价格买了小刘的股票。这时候完成了一次交易,你煎饼铺子的股价就从1000元变成了100元。

而第二年,鸡蛋和面粉成本大幅下降,你也有了经验,开始做大做强,开了10家分店,每家店每年的利润都能有2万元,你煎饼铺子的估值就变成了2万元×10家分店×10年经营(估值倍数是10)=200万元。

这时候小王把股票卖给同样看好你煎饼铺子的小张,小张用10000元每股的价格买入。这时候完成了一次交易,你煎饼铺子的股价就从100元跳到了10000元。

这个例子就是简化版的公司上市及股票价格随公司业绩变化的过程。所以,从股票的底层逻辑来看,支撑股价的核心是公司业绩,只有公司做大做强才能让股票升值。

原则上股票的价格就是公司的市值,但是公司的价值并不会频繁波动,在上面的例子中我们也会发现,只有公司的经营情况发生了很大变化,才会有股价的波动。但我们的经验不是这样的,我们经常会看到公司的股价每分每秒都在变化。刚刚解释的股票底层逻辑好像不能解释股价瞬时波动的原因。

因此,除了股票的底层逻辑,我们还需要了解二级市场交易的底层逻辑。二级市场是指公司上市以后,散户可以自由交易的市场,我们熟悉的A股(人民币普通股票)、美股(美国股市)等都属于二级市场。与二级市场相对的是一级市场,一级市场是指公司IPO上市之前,风险投资机构、私募基金对公司股份的买卖市场,天使轮、A轮、B轮这些都是一级市场投资。

二级市场价格波动的底层逻辑

上面我们提到的煎饼铺子股价变动的例子,是一个极简化的例子,实际上的股价变动当然不会是严格按照公司真实价值来进行的,也不会这样快速大幅下跌和上涨。事实上一个公司上市以后,股价就不受管理层的控制了,而是受到市场上供需博弈的影响。

再举个例子。

一个啤酒公司的股票当前的价格是10元每股,如果想要买这个股票的人和想要卖这个股票的人都觉得10元很合理,他们就会在10元每股的价格成交,股价就会一直维持在10元每股。

但此时市场上突然有个消息说该公司马上要开展一条新的业务线,这个新业务是很有前景的行业,一旦成功公司业绩会翻倍。这时候卖家就不愿意10元就卖掉了,一部分卖家决定不卖、继续持有;另一部分卖家希望至少15元才卖。而这时候其他买家也被这个新闻吸引过来,有的人为了抓紧时间买到股票，愿意出到15元，这时候股价就跃升到了15元每股。

这个消息让大众对于这个公司的未来充满希望，一直快速攀升的股价，吸引了越来越多的买家，出价也越来越离谱。公司股价几天之内就涨到了30元。

而过了一阵子，这个啤酒公司宣布自己研发的新项目失败了，这时候大众突然就对这家公司失去兴趣，股东纷纷希望快速离场，卖家增多，买家越来越少，而且不愿意出高价，所以股价"一泻千里"。

我们可以从这个例子里面看到，真实世界的股票价格其实受到如下两个因素的影响。

第一是公众对公司的预期，这个预期可能会受到短期新闻的影响。

第二是买家和卖家数量的供需平衡，一旦供需平衡被打破，价格也会上涨或下跌。这个平衡，可能会受到宏观政策的影响，比如，一旦银行加息，公众倾向于直接把钱存到银行，信贷成本更高，所以市面上的钱变少了，买家会变少；一旦降息，公众就不愿意在银行存款，希望可以更多投资股市以获得更高的收益，对抗通胀，市场上股票的买家就会变多，股价就有更大的向上推动力。

根据以上股票底层逻辑和二级市场价格波动底层逻辑，我们可以画出两条线，横坐标是时间，纵坐标是股价，如果公司一直在创造价值，市值不断增长，那么公司的内在价值就是斜向上的直线。而围绕这条直线的还有一条曲线，它是市场受供需博弈影响造成的股价波动。

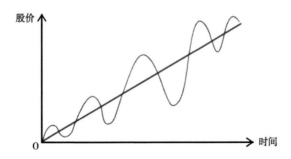

从这张图我们可以看出，股票的价格是围绕股票的内在价值波动，最终会回归内在价值。

在这个逻辑下，你的赚钱逻辑是围绕这条直线，在低点A买入，经过时间洗礼，公司为社会创造更多价值后，公司的价值提升到B点。这种情况下，即便你的买入点是当时的相对高点，有一些价格泡沫，也会因为公司的内在价值提升而使股价升到了新的价格高度。

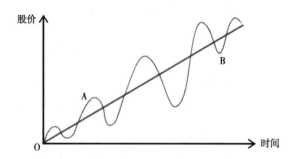

那究竟什么是好公司呢？笔者认为需要满足以下三点。

第一，朝阳行业。行业本身是保持高速增长的，才能够给行业中的公司足够的发展空间。这种行业性的高速增长背后往往有更深层的推动力，比如政策变化（碳中和）、技术革新（5G）、市场需求变化（疫苗）等。

第二，行业龙头。龙头公司一般都具有一定的"护城河"，经过多年经营的积累，优势不容易被竞争对手复制。一般只有行业内排名前三的企业算得上龙头，且成立时间至少10年以上。

第三，非小盘股。小盘股因为它的市值较小，体量不大，容易受到主力资金的影响。主力是与散户相对的概念，主要是指公募、私募基金。30亿元人民币以下市值的公司流通股数量不多，往往几家基金联合就可以买入相当比例的股票，操纵股价更为容易。虽然这种小盘股不乏优质公司，但是确实不适合信息不足的普通人投资。

除了这三点以外，笔者认为普通人想要把握住盈利点，最重要的不是每天沉浸于海量信息研究各种公司，而是学好相关知识，有的放矢。

找到好公司的核心是：不要想着去赚每一分钱，而是放大能赚到的钱，每个人都只能赚到自己认知以内的钱。要明白在股市里赚钱并不是抓住每一个机会，而是在自己能抓住的机会上赚到足够多的钱。

比如，巴菲特就因为看不懂互联网公司的估值，所以拒绝投资，虽然他失去了很多好的机会，但是也避免了互联网公司泡沫带来的损失。

每个普通人都有自己相对感兴趣和熟悉的行业。比如，笔者就是在做教育行业研究的时候，发现了好未来和新东方这两个白马股并长期持有。笔者当时研究过中国几乎所有头部的教育公司，明确发现这两家公司的优势，所以才能坚定重仓，并在我停止研究教育行业的时候全部卖出，避免了行业的普跌。

你所在的行业就是你最了解的，行业的增长动向和每家公司的实力是你熟悉的，这个行业的上市公司就是你的投资机遇。一旦有好公司，你就能更坚定地长期重仓，获得更多收益。

来看股价波动图，假设你在C点买入，由于C点是远低于公司的内在价值的，所以股价会有提升，你可以在公司股价回归内在价值的D点，或者在市场过热的E点卖出，并因此获利。

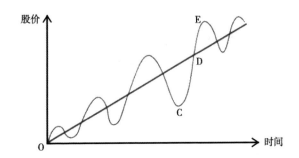

这个赚钱逻辑其实就是巴菲特和他老师格雷厄姆的"捡烟蒂"理论，即只投资那种被短期信息影响、被严重低估的股票，低位建仓，等股价恢复到合理估值范围再卖出。

作为普通人,我们如何寻找这样的"烟蒂"或者叫便宜货呢?

首先我们要明白什么是便宜货?到底多便宜才叫便宜?注意,便宜指的不是股价的绝对值,也不是公司市值,而是估值倍数。这里我们要介绍"市盈率"这个概念,即市价盈利比率。大家可以在股票软件中看到每个公司的市盈率,这里我们用格力电器2022年6月14日的数据为例进行介绍。

格力电器这一日的市盈率是7.92,这个数字是怎么计算出来的呢?就是用普通股每股市场价格÷普通股每年每股盈利。当时格力的股票市场价格是31.64元,它的每年每股盈利是3.99元,31.64÷3.99≈7.92。

市盈率反映的是市场对于这家公司的期望,如果数值高说明市场非常看好该公司未来的发展,同时也意味着当前股价透支了未来增长。如果数值很低,低于行业平均值或公司5年的市盈率平均数,说明目前市场不看好该公司的发展,或者说公司的股价被低估了。

普通人如何利用市盈率顺利找到被低估的便宜股票呢?可以按如下三步走。

第一步,参考整个大盘的估值水平。如果整个A股都属于历史估值中的低位,说明这是宏观经济造成的熊市,股市交易整体偏冷,比如处于加息(即存款利率上调)周期时,股票市场往往估值水平会比较低,这时候会有比较大的概率找到便宜股票。

第二步,参考同行业的估值水平。为你想要投资的公司找到一些同行,如果同行的估值都在10倍左右,但是这家只有5倍,我们可以进一步了解这是不是公司业务造成的区别,如果公司业务区别也不大,说明这家公司属于被低估的。

第三步，参考公司历史上不同时期的估值倍数。如果公司估值一直处于10倍左右，只是近期因为一些负面新闻造成股价大跌，估值倍数跌到7倍，就说明此时是该股票被低估的时间。如果公司基本面没有变化，未来还会保持增长，那么此时就是一个比较好的入手时间，该股票很有可能是那个"烟蒂"。

在这个投资逻辑下，普通人容易犯的错误是找到"坏烟蒂"，要知道支撑这个投资逻辑、让你赚到钱的是该公司只是暂时被低估，未来会有价值回归，而并非便宜公司都会上涨。所以"捡烟蒂"的投资方法还是要结合对公司和其所在行业的了解才行。

第 章

从投资角度看,什么是好公司?

在投资的时候,我们经常会发现一些很反直觉的事情:

明明是行业龙头公司,企业效益一直不错,是公认的好公司,但是股价就是一直不涨,很多股民被深深套牢;

明明是一份很好的财报,营收在上涨、利润在上涨,看起来一片欣欣向荣,结果财报公布当天,股票的价格居然还跌了;

明明只有一个捕风捉影的新闻,公司还没开始做新业务呢,股价先涨到天上去了……

为什么市场的表现跟传统的公司分析总是大相径庭?如何才能找到好公司并且确定它是能帮你赚钱的好公司?

这一章就来回答这些疑问。

投资时好公司的逻辑:超过市场预期

其实公司股价变化的秘密,是一句很简洁的话:

超过市场预期，股价上涨；低于市场预期，股价下跌。

注意，这里说的不是超过公司之前的水平，股价就上涨，或低于公司之前的水平，股价就下跌。因为股票市场会提前反馈公众的"预期"。

比如一家公司A，所有人都认为它下一个季度会继续保持营收的上涨，下个季度公司业绩会变好，那么股价会上涨，买家就愿意出价稍高于当前估值，卖家也不想卖亏了，只有稍贵一些他才肯卖，结果就是这个公司A的股价，会在这个季度就提前涨上去，而不会等到季报发布的时候才开始涨。

如果季报发布，正如市场对于这家公司的预期，那么公司的股价反而不会有什么变化；但如果季报表明公司营收有增长，但是增长没有之前预期那么多，反而会造成股价的下跌，这就是前面提到的，我们经常在新闻中看到，某家公司业绩增长，股价反而下跌的底层逻辑：公司的增长不及市场预期。

同样的逻辑，我们再来看另外两个例子。

一家龙头公司，有行业占据绝对的领先地位，但是股价一直表现不好。大家看到这个情况很容易想到中国石油。这家公司作为石油行业龙头中的龙头，每年盈利几百亿元至几千亿元，每年几乎分红两次（这非常罕见），但是这只股票表现却属实不好。从2007年上市最高45.7元每股，到2022年7月每股5元左右，可以说跌了90%。

为什么这样的好公司的股票并不能帮你赚到钱呢？

原因主要有两个，第一是其上市时间是2007年牛市高点，当时中国石油的估值过高，公司后续的经营不符合市场当时的预期；第二是石油属于夕阳行业，国家政策现在推崇的是新能源，石油资源也迟早会枯竭，所以市场对中国石油这家公司未来的预期也是很低的，所以这个好公司的股票多年不涨也是有原因的。

另外一个例子是只有捕风捉影的新闻，公司还没有任何实际动作，为什么就能让股价上涨呢？因为这个新闻提升了公众对于该公司未来的预期。

比如2020年5月一家家纺公司宣布与当时的"直播带货一姐"达成战略合作，消息一经放出，马上迎来了三个"一字涨停"（即开盘即涨停，一直持续到收盘为止的K线状态)。虽然这个消息并没有明确说明具体会有哪些合作、会带来怎样的营收拉动作用,甚至是否能上直播都不一定,但对股价的带动作用是实实在在的。

因为这个新闻提升了公众对这家公司未来的预期,并且预期会在当下快速反应到股价上,虽然一般来讲,这种新闻拉动股价背后都有一些基金拉盘(即基金公司大量买入)、老股东借机出货的情况出现,读者需要对这种新闻多加分辨。

看到这里你心里一定会有一个很大的疑问:道理我都明白,可是我怎么知道市场是怎么预判一家公司的呢?市场的预判跟我的预判不一样怎么办?

这时候我们可以借助一个很好用的指标:券商研报。

我们可以把券商理解为股票市场的"中介",帮助买家和公司对接,赚取手续费。中国大大小小上百家券商每天都会发布研究报告,他们会有一个上百人的研究团队每天追踪各个公司的情况,并定期发布对热门公司的研究报告,这份报告会包括公司近期业务分析、行业分析等,同时会包括对下一个季度的预测。

研报的左上角一般会给出持仓建议与预计的股价,当我们把多个券商对同一家公司的研究报告都整理出来,就可以了解市场目前对该公司的"预期"了。

当我们了解了市场对公司的预期,看到什么样的具体"风向标"就能预测公司股价会上涨呢?笔者总结了以下三种风向标。

风向标1：新业务

当公司对外宣布了新的业务，就意味着公司有了新的营收增长点。新业务一定在市场的预期之外，所以一般有前景的新业务新闻，都被视为股价上涨的风向标。

比如在2021年2月19日，某科技媒体透露小米公司正在招揽高管意图进入新能源汽车领域，当天小米公司股价一度上涨15%。这个新闻表明小米公司会在原有的业务和营收基础上，有更多的新增营收和新增利润，自然利好公司的中长期发展。即便当时小米一台车都没有造出来，但这个新闻提高了公众对小米公司的"预期"，所以很快就反馈到了股价上。

再比如，在研究腾讯这家公司的时候，了解腾讯是否有新的重磅游戏推出，是非常重要的指标。腾讯的营收主要靠游戏，新的游戏就意味着有新的增长点，自然会提高公众对腾讯公司的"预期"，并反馈到股价上。

风向标2：外界因素导致成本突然下降

公司的运行也不是只看营收。公司的营收不变，但是成本下降，也会使利润上升，对公司经营也是正向帮助。从这个角度来看，外界因素导致成本突然下降，这样的新闻也会使公司股价上涨。其中影响较大的就是大宗商品价格的变化。

当原油价格突然下降的时候，大量使用原油作为原材料的行业就会迎来股份上涨，比如炼油业属于典型的下游产业，原油价格越低，对炼油业越有利。

再比如油价对化纤行业的影响也是比较直接的。化纤原料乙二醇、PTA（苯二甲酸）、聚酯切片、锦纶等直接受油价的影响，这几种原料的价格几乎完全是由成本推动的。油价下跌会直接利好化纤行业。

另外，交通运输业中，因航油占民航业成本的四分之一以上，油价下降直接使民航业成本因油价的下降而大幅下降,所以对航空业也是一个利好信息。

而原油的价格往往与地缘政治有极大的相关性,产油国一旦有危机,比如,俄乌战争时期,原油价格就会上涨;沙特阿拉伯等国家若刻意增加开采量,就会造成原油价格的大幅下降。所以,从这个角度来看,多看新闻,多了解地缘政治对股票投资有很大的帮助。

风向标3:外界因素刺激使老业务突然增长

外界因素不仅可以导致成本变化,有的时候也会刺激老业务突然增长,这样的新闻也可以拉动股票价格的上涨。

虽然公司的业务并没有变化,成本也并未下降,但是因为环境因素,刺激了老业务的营收。比如,在经济增速放缓的时期,人们更渴望有稳定的工作,所以报考公务员的人数会呈上升趋势,这在2021年就反馈在公务员培训龙头公司中公教育的股价上,这一年中公教育股价从16元每股上涨到最高43.58元每股。

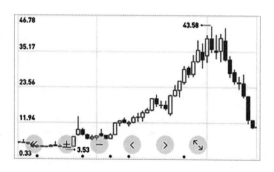

再比如,2019年猪肉价格大涨,2019年1月21.91元每斤,2020年1月涨到54.09元每斤,这带动了以畜牧业为主的温氏食品集团股份公司(简称温氏股份)股价大涨,在2019年1月到2019年8月,温氏股份的股价从19.81元每股,涨到33.77元每股。温氏股份在这期间并没有太多新业务刺激股价,但是

猪肉价格上涨使得它的总销售额上升,利润增长。

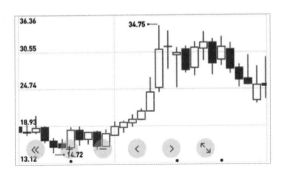

另外,国家的碳中和政策也刺激了新能源行业的股价,尤其是新能源汽车行业。根据预测我国2030年左右新能源汽车销量占比会达到50%,这说明未来新能源汽车销量对比目前会有大幅增长。那么这个政策就是一个刺激老业务增长的外界因素。

所以我们可以看到从政策颁布到现在,新能源行业上下游都有一定增长,在2020年蔚来、小鹏、理想汽车的股价都迎来爆发式增长。蔚来汽车从2020年年初4美元每股的股价,最高时上涨到66.99美元每股。小鹏和理想汽车股价走势也是类似情况。

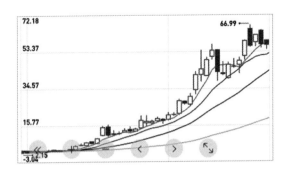

总结一下,从投资角度来看,什么是能帮你赚钱的好公司?就是能超越市场预期的公司。当然这也能解释为什么普通人从股票市场中赚钱是一件很难的事情,因为股票投资需要你具备3种分析能力:对行业宏观的洞察,对公

司业务和财务的了解，对市场预期的判断。

　　以上三者综合影响着股价，是缺一不可的。同时投资者对这三者的把握能力，最终也会落实到股票的收益上。

　　普通人想短时间掌握以上3点是很难的，毕竟专业的投资人接受了重点高校的系统化培训，每天加班加点做行业研究，尚且不能说完全掌握，更何况是把投资作为副业、信息来源不够多的普通人了。

　　那我们学习这些的目的是什么呢？那就是"避坑"。当你心里有这三条准绳，并且对影响股价走势的因素了然于胸的时候，一些所谓的"内幕消息""让股价必涨的新闻"、满嘴跑火车的股票大师，就很难骗到你了。

　　在避坑的基础上，慢慢寻找适合自己的投资机会，找到自己的投资风格，才是普通人在股市中赚钱的正道。

为什么我们懂得很多道理，依旧做不好投资？

重点院校的金融系毕业生，理财就一定能赚到很多钱吗？

经济学教授一定是炒股高手吗？

基金经理的收益一定高于散户吗？

以上三个问题的答案，都是否定的。那本书前几章讲的理财知识都没用吗？当然不是。金融知识不等于理财技巧，很有可能你懂得很多道理，依旧做不好投资，因为投资是一场信息、技术和心态的综合竞技。

所以这一章放到投资部分的最后，讲讲心态对投资理财的影响。同时，也方便读者自我评判一下，考虑自己是更适合自己来做投资，还是把精力放到本职工作，把钱交给专业人士来打理。

绝大多数人不愿意慢慢变富

回顾过去20年，我们身边真正赚到大钱的家庭，绝大多数是靠房产增值，即便这些家庭可能也在早年配置了股票、基金。这得益于中国过去20年城镇化进程,以及楼市的发展。当然,这个历程已经接近尾声,当前已经是"房住不炒"的时代了。

但你有没有想过,为什么是房产能让绝大多数家庭赚到钱,而不是股票?实际上这些年白马股也有不俗的增长。

因为房产刚需性强、流动性低。

很多家庭的房产增值也不是投资性的增值,纯粹是自己有一套房子,因为全家都需要一直住在这,所以一直不卖,被动抓住了过去20年的房产红利。

但如果换一种情况呢?假如现在有一个提示牌,每天告诉你当前的房价变化,某个政策出来你家的房子瞬间跌几十万元,又一个政策出来你家房子瞬间从100万元涨到200万元。相信有很多人就会直接卖掉,根本忍受不了这种每天涨涨跌跌的变化,希望赶紧落袋为安,当然也就错过了日后的涨幅。

房产刚需性强、流动性低的特点,能让不懂投资的普通人也在当时的房价低点举高杠杆重仓,且长期持有。但其他的投资产品就没有这么幸运了。

绝大多数人不愿意慢慢变富,而是希望快速得到正反馈。 这一点从不同时间的开户量就能看出来。

2022年6月底,A股的估值创下了18年以来的新低。这时候整个市场有大把的低估值优质股票,是很好的定投起始点,在这个估值买入,未来3~5年收益率不会太低,可以说是最适合普通人开始投资基金股票的时间。

但是实际上呢?往往这种时候都是开户数的最低点,人们已经被市场的大跌吓坏了,而且不知道到底还会跌到什么时候,谁都不想已买入之后一直"跌跌不休",更没有心思关心几年后的收益了。

往往开户数最高的时候也是估值最高的时候,是故事进入牛市尾声的时候,比如2021年年初。其实这个时候是最不适合进场建仓的时候,但为什么普通人很喜欢这时候跟买?就是因为这时候的正反馈最快,基本上每天都有涨幅,虽然这种上涨很快就会过去。

不要为"渴望正反馈、不愿慢慢变富"而感到羞耻,因为这本就是人性。做投资理财做得好的人,都是反人性的。

投资为什么是反人性的

有关投资心态,其实在经济学领域里有一个专门的学科来研究这个问题:行为经济学。这门学科其实很有趣,因为经济学理论的基础都建立在"人是理性的"这个假设上。行为经济学研究的起始点就是"人到底是怎么不理性的",这直接推翻了经济学几乎最基础的假设。

实际上推翻这个假设的动作是非常合理的,因为人本来就不是理性的,人在日常生活乃至投资活动中,一些由潜意识影响的举动,都充满了不理性。我们这里举几个比较有趣且有代表性的例子。

有趣的投资心理 1:心理账户

在讲具体理论及应对策略之前,我们先看一个很有趣的例子。有的人在用工资买入股票的时候,是小心翼翼、精打细算的,但是一旦在股市里赚了钱,即便还没有卖出,也愿意大吃一顿庆祝。而且用股市里赚到的钱投资时也特别大胆,似乎感觉那不是自己的血汗钱,花起来也不心疼。

再看一个实际生活中的案例,假设你花 400 元买了 1 张迪士尼的门票,结果今天出发的时候发现门票被弄丢了,你愿意当天再买一张,依旧完成去迪士尼的行程吗?绝大多数的人是不愿意的,因为已经花了 400 元在迪士尼门票上了,如果再花 400 元,就相当于花了 800 元在门票上,这样看起来太亏了。

那我们再看另一种情况:你没有提前买票,在去迪士尼的路上丢了 400 元,那么你当天还愿意花 400 元买票进迪士尼吗?绝大多数的人是愿意花这钱的,因为丢的那 400 元与迪士尼门票好像不是很相关,如果当天既丢了 400 元,又没去成迪士尼,看起来就太亏了。

但是我们冷静下来看这两个情境,其实花费是相同的,但是人们的决策截然不同,这就是行为经济学中的"心理账户"理论解释的心理现象。人们对于用途和来源不同的钱,风险偏好是不同的。

这在投资中的体现就是,人们天然会把本钱和赚来的钱区别对待,对本金小心翼翼,对赚来的钱愿意冒更多风险。这样的结果就是人们更难守住收益部分。这就是人性会让你收益受损的原因。

投资时要反人性,要意识到心理账户的问题,并且面对投资决策时,坚信每一分钱都是等价的,用同样的风险偏好做投资。

有趣的投资心理2:损失厌恶

还是先看例子。假设你有三只股票,有两只是上涨的,一只买了以后就在跌。当你急需用钱,需要卖掉两只股票的时候,你会选择卖掉哪两只?

绝大多数人的选择是,卖掉上涨的两只,落袋为安,然后浮亏的一只默默留下,想着等到它回本以后再卖掉。

再举一个例子,现在假设有这样一个赌硬币的游戏,正面向上能让你赚100元,反面向上亏100元,你玩不玩?

虽然这个游戏的期望值是0,理论上玩与不玩的人是差不多的,但是如果你真的去做一个统计,你会发现绝大多数人是选择不玩的。因为这个游戏会有一半概率让人亏钱,对比赢同样多的钱,人们更畏惧亏钱。

但实际上做卖出决策时,之前的收益并不应该成为决定因素,应该看的是股票或基金未来的潜力,你买到的那只在跌的股票,很有可能是因为这家公司业绩不好,未来还会持续下跌;而你打算卖掉的那两只股票,很有可能是朝阳行业,未来还会持续上涨。所以仅仅根据自己的收益情况做出卖出决策,可能会让你错失股价的上涨。

普通人经常会做出的决策,背后其实蕴含着人性底层的"损失厌恶":人们对失去某样东西的害怕,比得到它的喜悦更加强烈。遭遇损失时,不仅损失本身让我们难过,损失带来的挫败感更让人备受打击。

投资要做的就是反人性,面对人性中的"损失厌恶",优秀投资者要做的就是:认清投资的本质,找到大概率盈利的股票并且投资它,亏损不能完全避免,千万不要因为有亏损就失去信心。遇到亏损不要逃避,不要否定自己,应该珍惜犯错的机会,反省自己的错误在哪里,是对公司分析的错误,还是受情绪影响？总结经验才能不断提升理财能力。

有趣的投资心理3：短期记忆效应

比如，在股票赚钱的时候，人天然就会觉得是自己的决策特别正确，但很可能那只股票最开始是一买就跌，你很多次想卖掉，后来忙工作忘了，再打开股票软件时发现这只股票居然涨上去了。在投资的时候，人倾向于扭曲记忆，让我们相信是自己的正确决策才有这个好结果。

另外，还有一个现实生活的例子。我们每次生病的时候，都觉得这次是最难受的，但痊愈以后，再次生病的时候还会觉得当下的病最严重，以前的扛扛就过去了。

这就是"短期记忆效应"的例子。人类更注重短期记忆，认为现在发生的事情更重要。人类的记忆是非线性的，大脑更看重近期发生的事情，而不是以前发生的事情

想要对抗这一点，就要做到：买入卖出的时候要基于估值，而不是近期的涨跌，不要看到近期涨就觉得它会接着涨，近期跌就会一直跌。同时，写下每次的投资记录，避免觉得涨了是因为自己决策正确，跌了就是运气不好。

有趣的投资心理4：心理锚定

投资的时候，有另一种很有趣的心态：一旦你投资的产品亏了，就很不开心，坚决不卖出，甚至可以长期被套牢，只因为心里觉得，只要不赔光，这就还是我的资产，可以等着后续慢慢涨回来。

再比如在现实生活中，标价2000元的衣服，如果打折到900元，就让人觉得非常便宜，即便平时来看900元的衣服本身已经很贵了。

这两个例子应用的就是"心理锚定"现象：人往往容易受第一印象或第一信息支配，就像沉入海底的锚一样，把人们的思想固定在某处。这个原理还有一个很经典的应用，就是沉没成本：我们投入了时间、精力、金钱以后，投入的钱反而成了继续下去的理由，让人觉得，我已经为这个事物投入了如此

之多，所以这个事物本身价值是更高的，我必须得到相应的回报才行。

　　心理锚定和沉没成本，其实是一种不理性的表现，这种不理性就扎根于人性底层。想要做一个出色的投资者就要反人性，如在纠结是否买入或卖出的时候问自己：现在这个股价你愿意买它吗？如果你现在不愿意买入，那么这个公司就不值得持有了。

　　投资也是修炼自我的过程。

　　当你能有意识地控制自己，战胜人性中的弱点，才能做好一个投资人。

　　而通过投资修炼出的更强大的人格，也会在人生的其他方面，对你有所帮助。

后记

投资有什么不二心法吗？百试百灵，一出手就能赚钱的那种。

投资需要的基础知识，底层逻辑在这本书里基本都有覆盖。但并不能保证你投资就能赚钱，为什么呢？

因为，功夫在诗外。

想做好投资也是一样，只盯着几个投资产品是远远不够的。真正把投资做的很好的人，靠的也不是投资技巧。所以笔者才写了这本不那么像理财书的书。

投资不是一件事，掌握技巧做完就行了，而是一个伴随我们终生的旅程。在这个旅程里，我们更多的了解世界，了解自己。用我们对世界的认知变现，改善自身弱点来避免亏损。

这本书不是一个通关秘籍，而是在陪伴你走过一段旅程。

这次陪伴到此就结束了，但是属于你的投资之旅

才刚刚开始。

付宁